Johann Heinrich Bachmann

Zwölf Urkunden zur Erläuterung der Geschichte der Gefangennehmung Philipp des Großmütigen Landgrafen zu Hessen

Johann Heinrich Bachmann

Zwölf Urkunden zur Erläuterung der Geschichte der Gefangennehmung Philipp des Großmütigen Landgrafen zu Hessen

ISBN/EAN: 9783743471634

Hergestellt in Europa, USA, Kanada, Australien, Japan

Cover: Foto ©ninafisch / pixelio.de

Weitere Bücher finden Sie auf **www.hansebooks.com**

Zwölf Urkunden
zur
Erläuterung der Geschichte
der Gefangennehmung
Philipp
des
Grosmüthigen
Landgrafen zu Hessen.

Aus dem Pfalz-Zweibrückischen Archiv
herausgegeben und mit vorangesezten
Anmerkungen
versehen
von
Joh. Henr. Bachmann
Herzoglich Pfalz-Zweibrückischen Regierungs- und
Ev. Luth. Oberconsistorialrath, auch Archivarius;
der Churpfälz. Akad. der Wissensch. Mitglied.

Mannheim,
mit Akademischen Schriften.
1768.

Vorrede.

Als ich nachstehende Bogen geschrieben hatte, so lies ich sie liegen, bis sich eine Gelegenheit zu deren Bekanntmachung ereignen würde. Mittlerweile kam Herrn Professor Wogen in Giesen Tractat: *Historia captivitatis Philippi Magnanimi Hassiae Landgravii*, 8vo 1766 heraus. Es hat derselbe die Ehre, die Capitulation des Landgrafen Philipps zu erst bekannt gemacht zu haben. Ich war vergnügt, nachdeme ich selbige gelesen, daß meine gewagte Vermuthungen durch dieselbe bestätiget worden, und war fast entschlossen, meine nunmehro ganz entbehrliche Arbeit vor mich zu behalten. Es sind aber Umstände darzwischen gekommen, die mich gleichwol bewogen haben, sie aus Handen zu geben.

Der

X • X

Der Herr Professor und ich haben einerlei Endzweck, nemlich zu erweisen, daß Landgraf Philipp gegen Treu und Glauben gefänglich angehalten worden. Er hat solchem Endzweck auch mit guten Grunde sich genähert. Darinne aber kan ich ihme noch zur Zeit nicht Beifall geben, daß die denen Churfürsten von Sachsen und Brandenburg von dem Kaiser und seinen Ministern beschehene geheime Erklärung in Schriften verfasset worden, wie er solches §. IX. not. x. p. 26. und wiederum §. XXX. p. 84. unter Beziehung auf einen Theil der unten §. 3. ganz excerpirten Stelle der Kaiserlichen Erklärung äuſſert, und pro auctore des Herrn Vice-Kanzlar Kortholts zu Gieſen Programma §. 5 & 6. anziehet. Ich fürchte nicht, daß ich dieſem noch lebenden fürtreflichen Gelehrlehrten mißfallen werde, wann ich über dem Ausdruck *declarationem aliquam scriptam* von ihm und dem Thuano dissentire. Ich kann einmal nicht finden, daß sie geschrieben worden seye. Im Gegentheil finde ich über das, was ich oben desfalls angeführt in Herrn Porfessor Mogens Schrift eine Stelle angezogen, die mich noch mehr überzeugt, daß die sogenannte vertrauliche Meinung nur mündlich eröfnet worden. Sie stehet §. XLV. p. 116. in verbis: Joachimus II. Elector Brandenburgicus inter coenandum aliquando coram edicit: Er hab den Bischof von Arras gefragt: es soll ja dem Landgrafen zu keiner Gefängnis gereichen? darauf hab der Bischof von Arras gesagt: Es soll dem Landgrafen nicht gereichen zu einiger Gefängnis, da ist Herzog Moritz dabei gestanden. Also haben

sie

sie sich keineswegs versehen sollen, daß der Landgraf sollt gefänglich angehalten werden. Solcher Wort hab er auch zu Halle dem Bischof von Arras erinnert, und were in willens gewesen, dem Bischof durch den Kopf zu hauen, aber der Herzog Moritz hett ihm solches gewehret. Referente *Henrico Lersnero* qui cœnæ interfuit, vide *Kuchenbeckeri analecta Hassiaca* Vol. II. p. 226. seqq. Bis hieher Herr Professor Mogen.

Diese Stelle lässet vollends bei mir keinen Zweifel übrig, daß zwischen dem Kaiser und seinen Räthen eines, und denen beeden vermittlenden Churfürsten anderntheils in diesem Stück nichts schriftlich verhandelt worden. Ich beziehe mich desfalls auf meine Anmerkungen, und glaube nebstdeme, daß nicht leicht jemand von denen heutigen Staatsver=

verhandlungen auf den damalen in grosser Kraft und Herrlichkeit gesessenen Kaiser Carl den V. zurück schliessen wird. Die beste Stelle des Herrn Professor Mogen ist auch nicht wider mich §. XIX. p. 52. aus dem Sleidano: *Caesar cavisse quidem illi non quod omnino non esset detinendus, sed quod non perpetuo, nec aliud suae fuisse voluntatis ostendit.* Hier wird aber nichts von einer schriftlichen Caution gemeldet, die hätte man doch bei der allererſten grossen Verlegenheit und Widerspruch, worüber alles auseinander gehen wollen, leicht einsehen können, wann des Thuani Nachricht L. IV. re ad consiliarios relata Atrebatensis intercessores *ad scriptum* vocat, gegründet wäre, und hätte es, wann ein solch scriptum würklich in der Welt wäre, der Kaiserlichen ohnbescheinigten Apologie vor den Stän-

A 4 den

den nicht bedurft, ſie wuͤrde auch
derſelben eben ſowohl beigelegt worden ſeyn, als die Capitulation, welche
gerade gegen den Kaiſer iſt. Ich
mache mir immer zur Regul, dunkele Stellen aus dem Alterthum, ſo
viel moͤglich, mit gleich alten Stellen zu erlaͤutern. Je weiter ich mich
davon ohne gute Urkunden entferne, je leichter verfehle ich des facti.
Ich laſſe es alſo bei dem ſo ich ge
ſchrieben, lediglich bewenden.

Zweibruͤcken, den 14. Merz 1767.

§. 1.

Seitdeme Philippus Magnanimus Landgraf zu Heſſen am 19. Junii 1547 zu Halle im Magdeburgiſchen auf Kaiſer Carl des Vten Befehl gefänglich angehalten worden, nachdeme er etliche Stunden zuvor vermittelſt einer ſolennen Capitulation mit dem Kaiſer einen Frieden gemacht, und in Gefolg derſelben bei Kaiſerlicher Majeſtät ſeine Ausſöhnung in Gegenwart (a) einer groſſen Menge Deutſcher und ausländiſcher Fürſten, Grafen und Herren kniend nachgeſucht, durch die Kaiſerliche Erklärung auch die Acht aufgehoben worden, und der Landgraf in den vorigen Stand hergeſtellet werden ſollen (b), ſo weit

ſel-

(a) *Jo. Sleidani Comm.* L. XIX. *hujus actionis erant ſpectatores* &c. *Hortleder* editio poſterior L. III. c. 81. p. 731. num. 323. Dieſe edition iſt in dieſem ganzen ſcripto allegirt.

(b) *Hortleder* L. III. c. 76. num. 7. 8. p. 581.

ſelbiger durch nur beſagte Capitulation nicht eingeſchränket worden; ſeitdeme iſt auch noch immer über der Frage controvertirt worden, ob hochbeſagter Fürſt mit Recht oder mit Unrecht in Gefangenſchaft gekommen ſeye.

§. 2.

Die Entſcheidung dieſer Frage hanget theils von der Capitulation ſelbſten, theils von denen bei Errichtung derſelben vorgekommenen Umſtänden ab. Zur Erläuterung der lezteren muß man auch dasjenige mitnehmen, was auf die Gefangennehmung unmittelbar gefolgt. Was das erſtere betrift ſo iſt die Capitulation ſelbſt noch nicht zum Vorſchein gekommen. Vermög der Bürgſchaft, welche Churfürſt Moritz von Sachſen, Churfürſt Joachim von Brandenburg und Pfalzgraf Wolfgang von Zweibrücken dem Kaiſer unterm dato Naumburg den 22. Junii 1547 ausgeſtellt (c), fängt ſich die förmlich ausgefertigte Capitulation alſo an: Zu wiſſen, daß die Römiſche Kayſerliche Majeſtät vff fleißige Fürbitt cz. cz. vnd am dato alſo lauttend: Geſchehen und geben zu Hall den Neunzehenden Tag des Monaths Junii nach Chriſti vnſers

---

(c) Unter den Beilagen Num. VI.

ſers lieben Herrn Gepurt Fünfzehenhundert und im ſieben und vierzigſten Jahr. Ein Document nach dieſem Kennzeichen habe ich nirgends gefunden. Man hat ſich alſo bishero geirret, wann man die beym Hortleder (d) befindliche Artickel des Vertrags vor den Vertrag ſelbſt genommen, und wann nicht andere Umſtände in der Folge vorkämen, wodurch ſich dieſe Artickel in ſo weit rechtfertigen; ſo würde der Irrthum faſt nicht zu verzeihen ſeyn.

§. 3.

Da nun das Hauptdocument fehlt, auf welches ſich gleichwohl alle Hiſtorienſchreiber, des gefangenen Landgrafen Gemahlin und fürſtliche Kinder (e), der Kaiſer ſelbſt in der Erklärung vom 25. Nov. 1547 deren die Capitulation in Abſchrift beigefüget war (f), Churfürſt Moritz in ſeiner Propoſition an die Sächſiſchen Landſtände zu Torgau (g) de anno 1552 und in ſeinem Kriegspatent von eben dieſem Jahr (h), Landgraf Wilhelm

(d) L. 14. c. 75. p. 579. die leztere, dann dieſe pagina kommt doppelt vor.
(e) *Hortleder* L. III. c. 84. p. 918 & 919.
(f) Idem ibid. p. 922. ſeqq.
(g) Idem L. V. c. 1. p. 1280.
(h) Idem L. V. c. 4. p. 1295. num. 2.

helm in einem Schreiben ad Imperatorem de 8. April. 1552 (i) und endlich der Paſſauiſche Vertrag de 2. Auguſt. 1552 ſelbſt. §. Es ſoll auch Landgraf Philipps (k) beziehen; ſo hält es ſchwer, eine ſolche Entſcheidung zu geben, bei welcher gar nichts mehr zu erinnern wäre. Denn wann auch ſchon aus guten Gründen höchſt wahrſcheinlich gemacht wird, daß in der förmlichen Fertigung der Capitulation das Wort Gefängnuß eben ſo wenig befindlich ſeyn könne, als es in der Punctation ſtehet; ſo bleibet doch noch immer der Zweifel übrig, daß gleichwohl jene noch zur Zeit nicht eingeſehen werden mögen, in der Kaiſerlichen Erklärung an die Stände aber die bedenkliche Stelle vorkommt:

„ und iſt nicht ohn, daß bei ſolcher Hand„ lung beede Churfürſten ein Wiſſen zu ha„ ben begehret, wie weit ſich der Artickel
„ der Ungnad erſtrecke. Darauf ihren Chur„ fürſtlichen Gnaden vertraulicher Meinung
„ dieſe Declaration geſchehen, daß ſolche
„ Ergebung den Landgrafen, **zur Leib**„ **ſtraf, ewiger Gefängnuß noch** *Con-*
„ *fiſcation* **ſeiner Güter**, weiter denn
„ in

(i) Idem L. V. c. 9. p. 1305. num. 2. p. 1306. num. 6. und p. 1308. num. 21.
(k) Idem L. V. c. 14. p. 1318,

„ in den vorgeſtellten Articfeln be-
„ griffen nicht reichen, und aber der
„ Landgraf ſolches nicht wiſſen, ſondern ſich
„ ſchlechts und frey ergeben ſollte; wie dann
„ ſolches alles ſamt obbeſchrieben Er-
„ bieten, in Beiſeyn beider Churfürſten
„ und mit derſelben Bewilligung in eine
„ lautere Verzeichnuß gebracht worden, und
„ iſt ferner der benamten Ungnade halben,
„ einige weitere Erwehnung oder Verträ-
„ ſtung (wie den beiden Churfürſten Sach-
„ ſen und Brandenburg ohne Zweifel noch
„ wohl bewuſt,) mit den wenigſten nicht
„ beſchehen. Auf welche und andere Er-
„ bieten wol Jhro Kaiſerliche Majeſtät da-
„ zumal bewogen, die Capitulation nach
„ laut beigelegter Copei, begreifen zu laſ-
„ ſen (1).
worab es das Anſehen gewinnet, daß, da
alles dieſes in eine lautere Verzeichnuß gebracht worden, dieſe ein mehre-
res als die bekanntſeyende Punctation, als
in welcher von dieſen Sachen nichts vorkom-
met, enthalten müſſe.

§. 4.

In der That iſt es etwas beſonderes,
daß die §. 2. angezeigte förmliche Capitulation

(1) Idem l. c. p. 923.

tion bishero nicht zum Vorschein gekommen. Sleidanus sagt: (m) der Landgraf habe bei der Unterschrift noch eine Verwahrung wegen der Religion angehängt, nemlich er wolle sich denen Abschlüssen eines freien, frommen und allgemeinen Concilii unterwerfen - - - - wie die Churfürsten von Sachsen und Brandenburg. Daraus folgt, daß Sleidanus eine Abschrift der von den Landgrafen eigenhändig unterschriebenen Capitulation in Händen gehabt haben müsse. Denn in der Punktation kommt davon nichts vor (n). Es konnte auch Sleidanus eine solche Abschrift gehabt haben; denn er war des Schmalkaldischen Bundes bestellter Historicus und bekam seine Nachrichten aus der ersten Hand (o). Sein Buch ist zuerst im Jahr 1555 mithin nur 8 Jahr nach des Landgrafen Verhaftung im Druck erschienen, da die meisten, so Nachricht davon gehabt, noch am Leben waren. Kaiser Carl der V. hatte es selbst gelesen, und sich über die aufrichtige Erzehlung der geheimsten Nachrichten

(m) Libro XIX.
(n) Dieser Anhang stehet nicht in der von Herrn Professor *Mogen* edirten Capitulation.
(o) *Hortleder* in der Vorrede num. 39. und 195.

ten gewundert (p). Die nachfolgenden Scribenten widersprechen ihm auch nicht, sondern machen, wann sie von ihm abgehen, Abänderungen, indem sie entweder etwas auslassen oder zusetzen oder beedes zugleich; wobei doch immer der ächte Hiſtoricus nichts verliehret. Ich sollte indessen doch glauben, daß diese Urkunde noch in einem derjenigen Chur- und Fürstlichen Archiven vorhanden seye, deren Höfe ihre Gesandten bevollmächtiget, bei Kaiserlichen Majeſtät die in den Urkunden (q) befindliche Fürbitte einzulegen, und denen der Kaiser dargegen den 25. Nov. 1547 die schriftliche Declaration mit Beifügung der Capitulation abgegeben, obschon solche anfänglich nur Chur Sachsen und Brandenburg communicirt worden (Beilage n. XII.). In denen Heßischen Archiven iſt ſie ſchwerlich. Dann ich lerne von meinem grosen Gönner dem Herrn Vice-Kanz-

(p) Beschreibung des Lebens Johann Sleidani, *Schadæi Sleidano continuato* Straßburg 1625 vorgesetzt, und daselbſt, *Gratianus verus in apotheoſi D. Ruardi Tappart* &c. excus. Baſileæ in 4. anno 1556. p. 37. & 38. *Ipſe Cæſar delectatus lectione obſtupuerat ſecretiſſimarum (quas uidebat) rerum narratione & commendabat veritatem.*

(q) Num. XI.

Kanzlar Estor, daß der Casselische Hof seine Nachrichten dem Hottinger zu Fertigung der Kirchen-Historie in der Schweiz, der Darmstädtische aber die seinigen dem Hortleder abgegeben. In dem Zweibrückischen Archiv ist sie auch nicht. Was daselbst einschlägiges und noch nicht gedruckt ist, das will ich mittheilen, und eben dasselbe hat auch den Anlaß zu gegenwärtiger Schrift gegeben, ob ich etwa einem Liebhaber der Geschichte einen Gefallen damit erweisen könnte.

§. 5.

Pfalzgraf Wolfgang Herzog zu Zweibrücken war mit Landgraf Philippsen Prinzeßin Tochter, Anna, vermählt. Diese Verbindung veranlaste den Kaiser, in dem 25sten Punkt der Capitulationspunkten, neben Churfürst Joachim von Brandenburg, und Herzog Moritz (r) von Sachsen, auch Herzog Wolf-

(r) So nennet ihn die Punktation, und nicht Churfürst, siehe Hortleder l. c. p. 583. Er nennet sich auch selbst noch nicht Churfürst in dem Gesamtschreiben mit Churfürst Joachim von Brandenburg an Landgrave Philipp d. d. 4. Junii 1547. und in dem sub eodem ausgefertigten sichern Geleit. S. die Urkunden N. I. & II. an welchem Tag er noch von Ca-

Wolfgangs Bürgschaft zu erfodern. Man
muste also mit Herzog Wolfgang correspon-
diren, und diese veranlaßte eine Actensamm-
lung. Selbige ist nun zwar nicht bei hiesi-
gem Archiv, obschon Herzog Wolfgang zur
Zeit des Gefangennehmung seines Herrn
Schwiegervatters zu Zweibrücken war, sondern es sind nach aller Wahrscheinlichkeit
selbige anno 1551 da Herzog Wolfgang nach
seiner Stadthalterschaft in die obere Pfalz
verreiset, und von Amberg aus das nöthige
bis zur endlichen Erledigung des Landgrafen
mit besorgen helfen, als ohnentbehrliche
antecedentia mit dahin genommen worden.
Dahingegen befindet sich bei hisigem Archiv
ein sauber geschriebenes Registratur-Buch,
in welchem der Registrator auf dem erstem
Blatt bemerket: Martis 23. Octobris
anno

Carolo V. mit der Chur im Felde vor Wittenberg begnadet, den 24. Febr. 1548 aber
erst solemniter investirt worden. Hortleder
L. III. c. 85. p. 926. Da nun aber in der
förmlichen Fertigung der Capitulation vom
19. Junii der Herzog Moritz Churfürst heiset,
und dem Churfürsten von Brandenburg vor-
stehet, (V. Urkund N. VI.) So ist auch daraus, wie mich dünket, offenbar, daß die
Punktation beim Hortleder nicht die förmliche Capitulation seye.

B .

anno 54. angefangen diß zu regiſtriren. Auf der pergamentenen Decke ſtehet von des damaligen Zweibrückiſchen Kanzlars Ulrich Sitzingers mir wohl bekannten Hand: Landgräviſch Handlunge und ſonderlich die Cuſtodi betreffend. Man hat bekantlich ſelbiger Zeit alle Haupthandlungen bei denen Archiven in beſondere Bücher abgeſchrieben, oder regiſtrirt, wie dann das Zweibrückiſch Archiv deren eine groſſe Anzahl aufzuweiſen hat. Dieſe Bücher, ſobald ſie documenta copialia coaeva ſind, und die ſonſt erförderliche Kennzeichen der Glaubwürdigkeit an ſich tragen, dienen ſtatt der Originalien wann dieſe nicht mehr zu haben ſind. Das iſt bekannt. Ich traue meinem Codici archivali unter den angezeigten Umſtänden alle Zeichen der Glaubwürdigkeit zu.

§. 6.

Dieſes Copial-Buch enthält zuerſt (s) Der Chur und Fürſten Marggrave Joachims zu Brandenburg und Herzog Moritzen von Sachſen Schreiben an Landgrave Philippſen zu Heſſen
d. d.

(s) Sie ſtehen zwar beide beim Hortleder p. 920 & 922. zur geſchwinden Nachſicht aber liegen ſie hier ſub. N. I. & II. bei.

d. d. 4 *Junii* 1547 nebſt beigefügtem ſichern Geleit.

Sodann kommen die Artickel, ſo dem Landgrafen des Vertrags halben vorgeſchlagen worden (t). Hierauf folgen: Antwort und Artickel welche von wegen des Landgrafen ſind Chriſtoph von Ebleben wieder mitgegeben worden, den 7. *Junii anno* 47. und endlich: der Kaiſerliche Majeſtät Reſolution vf die gebettene Erklerunge, extenſion und Enderonge etlicher Artickel (v). Auf dieſe Erklärunge beziehet ſich ſowohl Churfürſt Moritz in der Torgauiſchen Propoſition (x) als Landgraf Wilhelm in ob angezogener Vorſtellung ad Imperatorem (y). Hierauf folget des Churfürſten Moritzen und der Brandenburgiſchen Räthe Schreiben vom 12. Junius worinnen ſie den Landgrafen auf den 17. diß Monats nach Naumburg betagen (z). Nun iſt der beeden

(t) Urkund N. III. absque dato: war aber eine Beilage zu N. I.
(v) Sind unter den Urkunden N. IV & V, und meines wiſſens bishero ungedruckt.
(x) Hortleder L. V. c. I. p. 1281.
(y) Idem L. V. c. 9. p. 1306. N. 6.
(z) Es ſtehet beim Hortleder L. III. c. 84. p. 921, das Datum iſt daſelbſt irrig.

Churfürsten Sachsen und Brandenburg und Herzog Wolfgang von Zweibrücken Obligation regiſtrirt (a). Es war ſelbige anfänglich auch auf den 19. Junius datirt und man ſiehet daraus, daß die expeditiones alle auf des Landgrafen Ankunft bereit gehalten und auf den Tag des Fußfalls datirt worden, damit nach dieſer Submiſſion alles ſogleich vertragsmäßig vollzogen werden könne. Alleine es kommt hernach eine Urkunde vor, daraus erſichtlich, daß dieſe Obligation umgefertiget und auf Naumburg den 22. Junius datirt werden müſſen. Der Regiſtrator hat diß rectificirte Exemplar hier eingeſchaltet. Hieher gehört nun ferner des Landgrafen Schreiben an Herzog Wolfgang d. 27. Junius um die Obligation mit zu unterſchreiben (b). Er bringet da auf geſchwinde Expedition, weil man ihm glauben gemacht, ſeine Entlaſſung hange davon ab. Ferner Herzog Wolfgangs Reſcript an ſeinen vertrauten Rath und Oberamtmann Ludwig von Eſchenau, d. 11. Julii (c) darinnen er ihm von der geleiſteten Burgſchaft Nachricht gibt, und zugleich verſichert, daß die mitgeſchickte Capitulation den ihm von

Eſche=

(a) Urkund No. 6.
(b) No. VII.
(c) No. VIII.

Eschenau vorhero zugesandten Punkten ganz gleich seye, und er sie deswegen nicht noch einmal habe schicken wollen. Endlich gehöret hieher ein Schreiben des Landgrafen d. d. 27. August, darinnen er Herzog Wolfgang ersucht, die umgefertigte obligation nochmalen zu unterschreiben, und Herzog Wolfgangs Antwort darauf (d). Weil auch die Schrift, so die Stände dem Kaiser zu Augspurg übergeben, mir noch nicht gedruckt vorgekommen, so lege solche nebst dem Bericht eines Gesandten, was bei und nach Uebergebung sothaner Supplication vorgegangen, in Abschrift hiebei, (e) die Kaiserliche Antwort ist oben schon allegirt, und wie sich beede Churfürsten zu Sachsen und Brandenburg hierauf gegen die Stände glimpflich erklärt, und den ganzen Vorgang auf einen Mißverstand gestellt, das stehet gleich dabei beym Hortleder (f).

§. 7.

Aus dem, was bishero angeführet worden, liesse sich nun wohl ein factum extrahi‑ ren

(d) No. IX. & X.
(e) No. XI. & XII.
(f) L. III. c. 84. p. 924. conf. infr. §. 10. lit. (f)

ren. Ich will mich aber lieber des Sleidani Worte aus dem 19. Buch bedienen, so weit sie zu meinem Endzweck dienen. Den Auszug des Vertrags, den er liefert, habe ich gerne weggelassen, weil er in meinen Urkunden lieget, und in der Hauptsache damit überein kommt.

Dum hæc geruntur, Mauricius & Brandenburgicus pro Landgravio diligenter intercedunt, & quo commodius res ageretur, Lipsiam illum evocant Sed quum Cæsar omnino uellet, ut absque conditione sese dederet, arces etiam omnes atque tormenta traderet, infecta re domum redit, eoque die Weissenfelsum usque proficiscitur, quatuor a Lipsia milliaribus. Postridie, quum inter equitandum de propositis conditionibus, deque sua fortuna sermonem cum Christophoro Eblebo conferret, quod si scirem, inquit, fore, ut Cæsar exorari sese, *meque domum redire patiatur*, & ex propugnaculis unum mihi permittat, instructum tormentis, equidem, publicæ pacis causa reliquas arces demoliri, & tormenta omnia tradere, non recusarem. Tum Eblebus, hunc, ait, sermonem ad Mauricium referam: paucos intra dies uel rursus adero uel certi quid renuntiabo per epistolam, & ut interim ab aliis consiliis quiesquiefcas, oro. Profectus igitur ad Mauricium, non multo poft redit, & litteras ad illum Mauricio fimul & Brandenburgico perfert, quarta Junii die fcriptas in hanc fententiam, e caftris ante Wittembergam: fimul ac de ipfius uoluntate per Eblebum amplius accepiffent, ad Cæfarem denuo fe rem detuliffe Quid autem impetrarint, hoc ipfam docere formulam & capita pacis, quæ nunc Eblebus ei ferat, & quia fint conditiones tolerabiles, non dubitare fe, quin fit eas admiffurus, præfertim quum uideat, quanto verfetur in difcrimine: non recufet igitur illas & Cæfari fefe permittat abfque conditione. Nec enim effe, quod vereatur, ne graviora Cæfar imponat *aut ipfum detineat captivum*. Eius rei nomine fidem fe fuam interponere, & fi quid præter eam formulam, quam nunc per Eblebum fit accepturus, accidat, aut *fi detineatur*, non fe recufare, quin eandem fubeant fortunam, & ab ipfius interpellati filiis, ad fatisfaciendum fefe fiftant - - - formula pacis hæc erat - - - Hæc ubi fuiffent allata, de communi ordinum fuorum confilio & affenfu Landgravius ea recipit, fic tamen ut amplius nonnulla fibi peteret declarari - - - Cæfar deinde rebus ad Wittembergam conftitutis Halam

Saxo-

Saxoniae proficifcitur - - inde petiturus Heſſiam, niſi Landgravius tranſigeret. Quum autem in his eſſet anguſtiis Landgravius nec aliter poſſet, *Mauricii fidem atque Brandenburgici ſequutus*, iter ingreditur, & decimo octavo die Junii Halam venit ſub ueſperum, medius inter Mauricium & Brandenburgicum, qui obuiam ei Numburgum usque proceſſerant - - - Poſtero die, mane, Chriſtophorus Carlebicius ad Landgravium ueniens, pacis formulam exhibet, uti ſubſcribat. In ea fuit additum, Caeſaris eſſe, *interpretari ſingula ejus capita*. Landgravius ergo, quoniam id in illa, quam Brandenburgicus & Mauritius ante miſerant, perſcriptum non erat, Epiſcopo Atrebatenſi renuntiat, non ſibi eſſe integrum ſubſcribere. *Is per ſcribam eſſe neglectum*, ait, & rurſus idem urget: ſic ille morem gerit. Amplius deinde petit Atrebatenſis, quia de religione ſibi uelit caueri, ſicut Mauricio cautum ſit atque Brandenburgico, ut ipſe uiciſſim caueat & Caeſari promittat, uelle parere conciliiTridentini decretis. Ille contra, nec antea quenquam apud ſe, nec pacis formulam eius rei meminiſſe: cariturum potius illa cautione Caeſaris, ut ipſi quoque non ſit neceſſe cauere. Quumque diu ſuper eo diſceptaceptatum eſſet, minae quoque fuerunt adhibitae: confediſſe iam in aula Caeſarem, & ipſum operiri, moleſteque ferre dilationem: maturet ergo, ne quid ille fortaſſe gravius in ipſum ſtatuat. Tandem in haec uerba ſubſcribit Landgravius: Liberi, pii & generalis concilii decretis, quo quidem in concilio non minus reformetur caput, quam reliqua membra, uelle ſe parere, ſicut Mauricius & Brandenburgicus facerent. Hi enim ab Auguſtana confeſſione non ſe diſceſſuros ei promiſerant. Eo facto ſub horam quintam poſt meridiem, ubi Caeſar in ſolio, domi ſuae confedit, Electores duo, quos dixi, Landgravium adducunt, qui quum ad Caeſarem propius veniſſet, in genua ſubſedit, & proxime illum cancellarius Guntherodus, qui de ſcripto recitans, quod Landgravius, inquit, ante acto bello graviter te offendit, potentiſſime Caeſar, ſic ut iure in eum vindicari poſſis, hoc ei ſummopere dolet, eoque, *ſicut ante promiſit,* tuae voluntati ſeſe promittit, ac ſimul per omnia ſacra rogat, ut & pro tua clementia factum ignoſcas, & proſcriptionem, quam commiſit, abolcas, & priſtino loco ipſum reſtituas, & in tuam fidem ipſius omnia recipias; hoc illi ſummi beneficii loco habebit, ac deinceps omnem ņem tibi fidem, obſequium & obedientiam praeſtabit. Caeſar ad ea per Georgium Seldum, ubi deliberaſſet, etſi graviſſimam pœnam ſit meritus, ut & publice conſtet, & ipſe fateatur, ſe tamen, ait, & pro ſua liberalitate, & quoniam Principes aliquot inter ceſſerint, non recuſare, quin & proſcriptione liberetur & neque ſupplicio, quod ſit commeritus; *neque carcere perpetuo,* neque bonis etiam multetur amplius quam ſit in formula pacis definitum - - - Landgravius qui ſalva putarat omnia, Caeſari gratias agit, & quum diutius eum Caeſar inſidere genibus pateretur, iniuſſus conſurgit. Poſt aliquando Brandenburgicus accedit, & ipſum atque Mauritium una ſecum apud Albanum ducem eſſe cœnaturus dicit. Ille ne tum quidem aliquid odorari potuit. Quum ad Albanum veniſſet, cœnatur. A Cœna Mauricius & Brandenburgicus cum Albano & Atrebatenſi colloquuntur: interim fallendi temporis cauſa Landgravius ludit alea. Multa iam nocte, Mauricius & Brandenburgicus illum ad ſe vocant, & per Euſtachium Schlebium oſtendunt, ſe per omnem vitam, ut viros Principes deceat, egiſſe fideliter, & ſi quid eſſent polliciti, ſeruaſſe diligenter: eandem fidem ab aliis etiam exſpectaſſe:

nunc

nunc vero dncem Albanum & Atrebatenſem dicere, ipſi pernoctandum ibi eſſe, cuſtodibus admotis. Ea re nihil unquam ſibi gravius accidiſſe nec acerbius: uelle autem cum ipſo Cæſare colloqui, & ſperare non detentum iri. Tum ille, ſe quiduis potius expectaſſe, quam ut fieret: ipſorum fidem ſecutum eo ueniſſe: ſcire ipſos, quomodo ſibi liberiſque deuincti ſint. Satis faciant igitur ei promiſſo & obligatione. Quum uero manendum eſſet, Mauricius, & ex Brandenburgicis conſiliariis nonnulli cum eo per noctem illam commorantur. Poſtridie Cæſarem adeunt, & gravem habent querimoniam, & quanti exiſtimationis ipſorum interſit, demonſtrant, Etenim, ſi qua fuiſſet eius rei uel minima ſuſpicio, nec illi ſeſe conſulturos, ut eo ueniret: nec illum, ubi libertatem eſſet amiſſurus, unquam fuiſſe uenturum. Habeat igitur ipſorum, qui interceſſerint rationem, eumque miſſum faciat: quod quidem ipſi per interpoſitam fidem ei promiſerint. Cæſar, cauiſſe quidem illi, dicit, *non quod omnino non eſſet detinendus, ſed quod non perpetuo*, necaliud ſuæ fuiſſe uoluntatis, oſtendit. Ad conſiliarios deinde tranſeunt, in primis ad Atrebacenſem. Ii poſt multam & acrem diſceptationem

tionem, Landgrauio nuntiant, licere uti discedat. Ille, perlibenter, ait, modo ut incolumis domum deducar. Hic iterum duo illi incedunt, sed frustra. Biduo post, ei nuntiatur, ut Caesarem comitetur. Hoc ille recusat omnino, neque se profecturum dicit, nisi vi pertrahatur. Ibi tum Mauricius & Brandenburgicus multum orant & obtestantur, ne recuset. Quoque magis faciat, dextra data, praesentibus aliquot ex nobilitate, non se discessuros promittunt ab aula Caesaris, antequam sit liberatus. Profecti cum eo Numburgum, ad Caesarem post abeunt, ut ipsius causam agant. Triduo post, quod erat Junii die vigesimo sexto, Carlebicium ei mittunt, & quod Caesarem non sequantur longius, orant, ne moleste ferat. Nam illum omnino vetuisse, ne faciant. Alioqui futurum, ut in Hispaniam ablegetur. Veruntamen, si centum illa, & quinquaginta aureorum millia persolvat, si de reliquis etiam servandis conditionibus fidem faciat, intelligere se, futurum, vt intra decimum quartum diem postea liberetur. Augustam sese profecturos esse breui ad comitia, nec ullum studium, fidem atque diligentiam praetermissuros. Ille, qui casum hunc immoderatissime ferret, de pecunia, deque diruendis

arci-

arcibus uelle fe curare dicit, & confidere, cuius rei fpem faciant, fore, ut ea praeftetur. Poftea Turingiae finibus egreffus cum Hifpanis, ubi Greuentallum ueniffet, Albano fidei publicae litteras & obligationis formulam exhibet. Is nihil, nifi de perpetuo carcere, promififfe Caefarem, ait, intercefforibus. Et quis igitur ejus captivitatis, ait Landgravius, erit modus aut terminus, quove temporis intervallo circumfcribetur? Etiamfi per XIIII. aut eo plures annos, inquit Albanus, te detineat, nihil tamen contra promiffum Caefar fecerit. Ille, quo libertatem quam primum recuperaret, pecuniam non multo poft, omnem dependit, arces demolitur, & machinas trahit. Porro, tormentorum, quae partim ab illo, partim a Saxone & Wirtembergico & a civitatibus eft confecutus Caefar, ingens erat numerus, & ut aiunt, ad quingenta. Quorum deinde nonnulla, Mediolanum, alia, Neapolim, alia in Hifpaniam mifit, reliqua per Belgium diftribuit, tanquam victoriae tropaea Landgravii captivitatem acerbiffime tulit is, quem internuntium fuiffe diximus, Eblebus, genere nobilis: aliquanto poft evita deceffit, dum eius rei cogitatione vehementius afficeretur, ut plerique putant.

§. 8.

§. 8.

Hieraus ergeben sich nun folgende Anmerkungen: 1.) Ehe die beide Churfürsten zu Sachsen und Brandenburg den von Ebleben mit denen ihnen von denen Kaiserlichen zugestellten Friedens-Conditionen (No. III.) zu dem Landgrafen unterm 4. Junii abfertigten; so hatten sie mit dem Kaiser die Unterredung, wie weit sich die Kaiserliche Ungnade erstrecken solle. Es war dieses der erste Artickel der Capitulation: der Landgraf solle sich und sein Land der Kaiserlichen Majestät in Gnade oder Ungnade ergeben: daß der Kaiser einer Zurückhaltung fähig seye (g), hatte er in denen während seiner Regierung geführten Kriegen bewiesen. Der Landgraf war nebst deme wegen der Gefangenschaft in Sorgen, zumalen er das ganz

(g) Robertson in der Geschichte Schottlands unter der Maria, schildert ihn also: (p. 49) „in
„ der Ausarbeitung seiner Entwürfe hatte er
„ das scharfsichtige Auge und die feine Spitzfin=
„ digkeit Ferdinands seines Grosvatters, auf
„ seinem einmal genommenen Entschluß ver=
„ harrete er mit einer unbeugsamen Stand=
„ haftigkeit, welche dem Oesterreichischen Blute
„ eigen ist, und führete einen jeden derselben
„ mit grosem Muthe und der Kühnheit der Bur=
„ gundier hinaus.

ganz neue Exempel an Churfürst Johann Friedrich zu Sachsen vor Augen hatte, deswegen er auch anfänglich, da er im Ernst an die Submission dacht, sich gegen den von Ebleben äuserte: wann er wüste, daß ihn der Kaiser wieder heim ziehen liesse, deswegen war freilich denen beiden Churfürsten daran gelegen, des Kaisers Gemüth und Absicht vor der Hand zu wissen, um sich und den Landgrafen zu beruhigen. Dann wann schon in der ihnen zugestellten Punktation kein Wort von Leib- oder Lebensstraf, einigerlei Gefängnus, es seye einiges oder ewiges, noch von Confiscation der Landgräflichen Lande vorkam; so machte ihnen doch der Ausdruck Gnade oder Ungnade nicht unbillige Besorgnus. Der Kaiser benahm ihnen solche durch die Erklärung: daß solche Ergebung dem Langrafen, zur Leibstraf, ewiger Gefängnus noch Confiscirung seiner Güter, weiter denn in den vorgestellten Artickeln begriffen, nicht reichen, und aber der Landgraf solches nicht wissen, sondern sich schlechts und frei ergeben sollte. Die Churfürsten konnten nun wohl geschehen lassen, daß die Formul Gnad und Ungnade stehen blieb, nachdeme sie sahen, daß der Kaiser eine Art von Strafe darein gesetzet, den Landgrafen in der Unwissenheit

zu

zu laſſen, ob er es bei denen ihnen zugefertigten Vergleichspunkten ſchlechterdings werde bewenden laſſen, oder ob das Wort Ungnade noch etwas hinter ſich habe, wo inzwiſchen ſie des Kaiſers Wort hatten: daß des Landgrafen Ergebung ihme weiter denn in den Artickeln begriffen, zu nichts reichen ſollte, mithin des Landgrafen Gemüthsunruhe nach beſchehenem Fusfall ceßiren würde. Um aber auch dieſe vorläufig zu mäßigen, und den Landgrafen in der Faſſung, ſeinen Frieden ohne Anſtand zu machen, zu unterhalten; ſo ſchwiegen ſie zwar in dem, dem vom Ebleben mitgegebenen Schreiben von der Kaiſerlichen Erklärung, des Kaiſers Intenſion gemäß, ſtill, nahmen aber auf das Kaiſerliche Wort über ſich, dem Landgraf zu zu ſchreiben: (No. I.) „Es wollt
„ſich auch Ewr Liebden der Kaiſerlichen Ma-
„jeſtät auf Gnad oder Ungnad forderlich
„einſtellen, dann Wir verſprechen Ewr Lieb-
„den dieſelbe dadurch über die Artickel, we-
„der an Leib und Gut mit Gefängnus Beſtri-
„ckung oder Schmälerung ihres Landes, nicht
„ſollen beſchweret werden. So ſehr hatten dieſe redliche Fürſten Ehrfurcht vor das ihnen in Geheim gegebene Kaiſerliche Wort, der Landgraf ſolle nicht über die Artickel beſchweret werden, daß ſie kein
Be-

Bedenken trugen, hinwiederum ihr Fürst‑
lich Wort dem Landgrafen zu geben, und
ihm mit Vorwissen des Kaisers sicher
Geleit auszustellen. Der Landgraf beru‑
higte sich auch dabei, und sahe den Ausdruck
Gnade und Ungnade vor die einen solen‑
nen Fusfall begleitende gewöhnliche Formul
an. Wie hätte auch jemand, der eines ge‑
sunden Begrifs fähig ist, anderst schliesen
können? Nachdeme die drei Stücke, die de‑
nen Churfürsten und dem Landgrafen Mühe
gemacht, deutlich benennet worden; so schlie‑
set der Kaiser: dem **Landgrafen soll die
Ergebung** (verstehe auf **Gnad und Un‑
gnad**) **zu nichts weiter denn in den
Artickel begriffen, gereichen.** Hätten
die Churfürsten oder der Landgraf ausser
denen angeführten drei Stücken noch über
mehrere andere Zweifel gehabt, und der
Kaiser hätte solche bei seiner geheimen De‑
claration ebenmäsig mit angeführet; so
würde aus deren Enumeration doch eben so
wenig zu folgern seyn, als aus der deutli‑
chen Benennung: **Leibstraf, ewig Gefäng‑
nus Confiscation;** dann es sollte alles auf
die Artickel ankommen, über dieselbe sollte
der Landgraf nicht beschweret, noch weiter
denn in denen Artickeln begriffen, getrieben
werden. Es waren ohne diese Artickel nicht

C   allein

allein eine Vorschrift vor den Landgraf, was er leisten sollte, um aus der Acht und wiederum in des Kaisers Gnade zu kommen, sondern der Kaiser hatte auch in derselben seiner Ungnade Schranken gesetzet. Dann diese sollte nicht weiter gehen, als die Artickel. Diese Artickel waren also ein förmliches Pactum (h) von welchem einem Theil ohne des andern Willen abzugehen nicht frei stunde. Der Landgraf, der die Stärke eines Pacti wohl kannte, redete dahero in seiner Antwort vom 7. Junius (No. IV.) nichts mehr von Gefängnus, wie er diese Besorgnus anfänglich geäusert hatte, sondern er ersuchet nur die Churfürsten, es dahin einzuleiten, daß er über etliche Tage nicht aufgehalten werde. Er hatte dahero

Ur-

(h) Dieses ist nun vollends klar aus der seithero von Herrn Professor Mogen edirten förmlichen Capitulation, §. 24. „ und sollen auf diese obberührte Artickel von gedachten Landgrafen auch allen andern, so die begreiffen, alle nothdürftige Briefe und Verschreibung, die zu Vollziehung derselben vonnöthen sind, aufgerichtet, und von einem jeden Theil, unter desselben Insiegel oder sonsten zum beständigsten verfertiget werden, darinn sich ein Theil dem andern gnugsamlich verbinde, dem allem, wie hierinn begriffen ist, treulich und unverbrüchlich nachzukommen. „

Urſache befremdet zu ſeyn, da er dieſes Pactum gebrochen und ſich gefänglich angehalten ſehen mußte, dazumalen in der Kaiſerlichen ſchlüßlichen Erklärung (N. V.) bei ſeiner begehrten ſchleunigen Abfertigung kein Wort erinnert, mithin der Landgraf dadurch beſtärkt worden, zu glauben, daß man mit ihm auf Deutſche Treu und Glauben handeln werde.

§. 9.

Eine zweite Anmerkung iſt dieſe: der Kaiſer äuſſert ſich in der mehr angezogenen Erklärung: es ſeye ſolches alles in eine lautere Verzeichnis gebracht worden; womit erwieſen werden will, der Kaiſer habe durch gefängliche Anhaltung des Landgrafen ſein Wort nicht gebrochen. Wann ich aber auch auf einen Augenblick annehme, die denen Churfürſten beſchehene geheime Aeuſerung ſeye der Capitulation mit denen nemlichen Worten, als ſie der Kaiſer denen Ständen vortragen laſſen, einverleibt worden, ſo daß der Landgraf vor deren Unterſchrift ſie genugſam habe leſen können; ſo folget doch daraus anders nichts, als was in dem vorhergehenden §. ſonnenklar ausgeführet worden. Dann am Ende kommt man immer dahin: der Landgraf ſolle weiter dann in denen Artickeln begrif-

fen nicht beschweret werden. Daß aber
die Capitulation nichts von der geheimen
Aeuserung enthalten könne, ist aus folgen-
dem klar: 1.) saget der Kaiser selbsten, der
Landgraf solle seine Erklärung: daß die
Ungnade sich nicht über den Inhalt
der Artickel erstrecken solle, nicht wissen.
Dieses konnte also natürlicher Weise in die
Capitulation, die der Landgraf lesen und
unterschreiben muste, nicht gebracht werden. 2.) stehet kein Wort davon in denen
Urkunden No. III. IV. V. wann auch je selbige vor die lautere Verzeichnus gelten sollen. Daß aber diese Urkunden dem wesentlichen Inhalt nach der förmlichen Capitulation ganz gleich seyen, das rescribirt Herzog Wolfgang dem Oberamtmann Ludwig
von Eschenau (No. IX.), deme er sothane
Urkunden allbereit communicirt hatte. 3.)
würde solches der Aufmerksamkeit der Bran-
denburgischen Räthe, welche in Abwesenheit
ihres Herrn des Churfürsten, nachdeme sie
die Kaiserliche endliche Entschlüsung gesehen,
den Landgrafen am 12 Junius beschreiben
helfen, nicht entgangen seyn. Der Churfürst von Sachsen ware damalen zugegen.
Der verließ sich auf das Kaiserliche Wort
und lies das Einladungsschreiben nicht allein
laufen, sondern machte auch noch einen Anhang

hang wegen Sicherstellung der Religion, deren Formul, wie sie dem Churfürsten ertheilet worden, der Landgraf auch noch gerne zuvor eingesehen hätte. Des befürchteten Gefängnusses aber als einer bereits abgethanenen Sache, thut er nicht die mindeste Erwehnung. 4.) Würde weder Churfürst Moritz noch die jungen Landgrafen sich in denen oben angezogenen Stellen mit so grosser Freimüthigkeit auf die Capitulation berufen haben, wann nur das allermindeste von einem Gefängnus in derselben vorkäme, worüber in der Folge eine Deutung gegen den Landgrafen hätte gemacht werden können. 5.) Saget auch Sleidanus, der die Hauptcapita Capitulationis getreulich extrahirt, und dem gar wohl bekannt war, was vor einen wesentlichen Einfluß dieser Umstand in den Verfolg des Religionskriegs bis zu dem Passauischen Vertrag, mithin auch in seine Historie gehabt habe, kein Wort davon, daß wegen des Gefängnusses etwas in der Capitulation vorgekommen, vielmehr sagt er, als der Landgraf mit denen Churfürsten von Sachsen und Brandenburg zum Nachtessen kam: ille ne tum quidem aliquid odorari potuit, er konnte noch damalen nichts widriges nur von Ferne vermuthen. Es muß also die Niederschreibung dieser

Kaiserlichen Erklärung anderswo gesucht werden, und dann wird sich zeigen, ob selbige so geartet gewesen, daß die Kaiserliche Ministri den Kaiser zu Aenderung seiner Resolution haben verleiten dörfen.

§. 10.

Dieses veranlasset die dritte Anmerkung. Es ist ausser der Urkund No. III. & V. wornach man nachhero die Capitulation förmlich ausgefertiget, Kaiserlicher seits bei diesem Handel nichts geschrieben worden, als die Form der Abbitte, und die Form der dagegen zu thuenden Kaiserlichen Gnaden-Erklärung. Erstere Form hatte sich der Landgraf in seiner Antwort ausdrücklich ausgebetten (No. IV.) damit er sie mit Ehren thun könne. Es wurde ihm auch solches in der Kaiserlichen schlüßlichen Erklärung zugesagt, in verbis: die Form der Abbitt soll gestellt werden (No. V.) Und es ist kein Zweifel daß sie dem Einladungsschreiben vom 12. Junii beigelegen habe, dann der Landgraf lies sie durch seinen Kanzler ohnbedenklich ablesen. Dahingegen ist gar kein Grund abzusehen, warum auch die Kaiserliche Gegenerklärung vor der Hand gleichsam ad monendum communicirt worden seyn sollte. Dann 1.) hatte sich der Kaiser dazu nicht aus-

anheischig gemacht, sondern nur zu communicirung der Form der Abbitte. 2.) Hatten weder die Churfürsten noch der Landgraf Ursach, sich deswegen zu beunruhigen. Dann sie hatten des Kaisers Wort und die Capitulation und zehleten mithin darauf, die Termini der Gnadenerklärung mögen vor den Landgrafen so erniedrigend ausfallen, als sie einem, vor dem Kaiser in seiner Majestät auf den Knien liegenden Fürsten nur immer vorgehalten werden mögen, so muste doch endlich das wesentliche gesagt, der Landgraf von der Acht losgesprochen und auf die Capitulation gewiesen werden. 3.) Sagen auch die Acta publica, besonders der Churfürsten und Landgrafen ausgegangene Schriften an keinem Orte, daß diese Formul vor der Ablesung communicirt worden. 4.) Sleidanus hat auch nichts davon. 5.) decidirt hierinnen die Kaiserliche oft angezogene Declaration selbsten, in verbis: „Als nun
„ der Landgraf folgends zu Hall ankommen,
„ den gebührenden Fusfall gethan, hat
„ der Churfürst von Brandenburg Frage
„ gehabt: ob Ihro Majestät nach beschehe-
„ ner Abbitt ihm dem Landgrafen zuspre-
„ chen und die Hand geben würde? darauf
„ die Antwort gefallen: daß sich solches mit-
„ lerweile, und bis er gänzlich erlegt, nicht

„wol-

„wolle gebühren. Es würden aber obgemeld-
„te beede Churfürsten aus der Antwort, so
„Ihro Majestät zu geben bedacht, ge-
„nugsam ersehen, daß der Declaration, so
„ihnen vertraulicher Meinung gesche-
„hen, nachgegangen, und zum Beschluß er
„der Landgraf von der ausgegangenen Achts-
„erklärung, die er seinem eigenen Bekänntnus
„nach wohl verschuldet, sollte absolviert wer-
„den. Hieraus ist klar, daß die Churfürsten,
wenigstens der von Brandenburg, in ipso actu
submissionis noch nicht gewust, was der
Kaiser vor eine Antwort zu geben bedacht, und daß der Kaiser sie blos auf das,
so er ihnen vertraulicher Meinung vorhin erkläret hatte, verwiesen. 6.) Sagen
die Churfürsten nirgends, daß die Erklärung, welche der Kaiser durch den D. Selden ablesen lassen, nicht gehalten oder gegen den ersten Aufsatz geändert worden, wohl
aber erniedrigen sie sich in dem Gedränge in
Comitiis armatis, (wie sie Köhler in der
Reichshistorie nennet) zu Augspurg, um
des Landgrafen Conditiones nicht noch schlim-
mer zu machen, vielmehr dessen Entlebigung
auf alle Art zu befördern, in der an die
Stände den 26. Novembr. 1547. abgegebe-
nen Antwort (i) zu sagen „Es seien allerhand

(i) Hortleder l. c. p. 924.

„ hand bei- und Nebenhändel fürgefallen,
„ anfänglich mit Kaiſerlicher Majeſtät, her-
„ nach mit deren Räthen, welche ganz ge-
„ heim und enge geſchehen, und könnte ſich
„ wohl zugetragen haben, daß in Mangel
„ und Unverſtand der Sprachen mit der
„ Kaiſerlichen Majeſtät Räthen allerhand
„ Misverſtand erfolgt ſeyn möchte. Dieſes
ſetzet mündliche Conferenzien, nicht aber ein
auf gut deutſch geſchriebenes Papier voraus.
7.) Wollte man auch annehmen, es habe
wenigſtens Churfürſt Moritz zwiſchen den 7.
und 12. Junius in Abweſenheit des Churfürſten von Brandenburg, ja ohne Beiſeyn
ſeiner eigenen Räthe mit den Kaiſerlichen
Räthen auf Trauen und Glauben eigener
Perſon in der neuen Handlung, in welcher
die Kaiſerliche endliche Entſchlüſſung auf
des Landgrafen Antwort vom 7. Junius
verabfaſſet, ſo mithin auch die Form der
Abbitte vor den Landgrafen geſtellt worden, (k) gehandelt und könne ſeyn, daß er
auch die von D. Selden nachher abgeleſene
Formul geſehen und ſolche nachgegeben, ſo
folgt doch nichts daraus; dann ſie enthält
ipſiſſima verba der von dem Kaiſer 16. bis
17. Tag vor dem actu ſubmiſſionis denen

(k) Idem L. V. c. I. p. 1281.

Churfürsten beschehenen mündlichen Zusage, welche wie oben untersucht (§. 8.) und welche zu brechen der Kaiser nicht befugt ware. 8.) Und obstirt diesem allen nicht, daß gleichwohl der Kaiser sagt: (S. §. 3 & 9.) es seye solches alles in beiseyn beider Churfürsten in eine lautere Verzeichnus gebracht worden. Dann man darf nur diesen durch ungeschickte Vermischung der Factorum etwas dunkel gesezten Passum genau und ganz ansehen, wie er oben ganz eingeschaltet ist, so wird man finden, daß der Kaiser in dem, was er mit den Churfürsten geredet, so der Landgraf nicht wissen sollen, sich auf deren bewust seyn, beziehet, in dem aber so mit den Landgrafen gehandelt worden, sich auf die Capitulation bewirft, welche er sofort communicirt. S. §. 9. aber ist erwiesen, daß die Capitulation nichts von dem enthalte, was der Kaiser mit denen Churfürsten in geheim geredet.

§. 11.

Es tritt hier die vierte Anmerkung ein. Die von den D. Selden in actu solemni submissionis abgelesene Formul gehöret blos ad solemnia und zur Vollziehung des §. 8 beleuchteten Pacti, und hat nichts neues. Der Kaiser erkläret sich hier offentlich, wie
er

er sich vorhero gegen die Churfürsten in Geheim erkläret hatte, und wiederholet also sein denenselben gegebenes Kaiserliches Wort. Damit bleibt dann auch das Pactum, wodurch der Kaiser dem Ausbruch seiner Ungnade Schranken gesezt hatte, in seiner völligen Stärke stehen, und die Churfürsten können mit dem Landgrafen ganz ruhig wegen des Punkts der Gefangenschaft aus der Versammlung gehen. Ich kann dahero nicht absehen, wie man dieser formulæ declarationis eine neue Verbindlichkeit zuschreiben, und aus der damit vorgegangen seyn sollenden Verfälschung mit Bestand etwas folgern könne. Sie verhält sich zu dem, denen Churfürsten gegebenen Kaiserlichen Wort, wie das referens zum relato. Wird jenes geändert, so muß sich auch dieses nemlich das Kaiserliche Wort ändern und gebrochen werden. Hätte nun dieses gehalten werden wollen, so hätten die Kaiserlichen Ministri sich immerhin zweideutiger Redensarten in der Formul bedienen mögen. Sie bleiben aber auch hier in den Schranken des Pacti, und lassen offentlich ablesen: der Landgraf solle mehrers oder weiters dann die Artickel der Abrede, so ihre Kaiserliche Majestät gnädigst gewilliget, inne halten, nicht beschweret werden. Hier ist

ist immer wieder das anfängliche Pactum, welches alle Beschwerden ausschliesset, so nicht in der Capitulation stehen; in derselben aber kommt von Gefängnus gar nichts vor, mithin hatte sich der Landgraf weder zeitlichem noch ewigem Gefängnus unterwürfig gemacht, verfolglich war der Kaiser, der diese Capitulation bewilliget, nicht befugt, ihn mit Gefängnus wider die Capitulation und sein denen Churfürsten gegebenes Wort zu beschweren. Dieser Schluß vertheidigt sich von selbsten.

§. 12.

Es ist aber gleichwohl der Landgraf gefänglich angehalten worden? das ist wahr. So viel tiefste Ehrfurcht aber ich im Staub vor das Angedenken eines grossen Kaisers habe, so weiß ich doch nichts zur Entschuldigung dieses Facti zu erfinden. Dan wann schon der Kaiser denen Reichsständen saget: beede Churfürsten hätten bekennt, der Kaiser habe hierin nicht mehr gethan, dann was Ihro Majestät von rechtswegen wohl gebührt, und nur um Abkürzung der Zeit des Landgrafen Gefängnus gebetten, wann auch schon die Churfürsten in ihrer darauf gethanen ebenmäßigen Erklärung an die Stände temporisiren, und die ganze Sache auf einen

Mis-

Misverstand wegen Mangel und Unverstand der Sprachen schieben; so bleiben doch die bisher angezogene Facta und der daraus sich von selbst machende Schluß ohnwiederleglich stehen. Da dieses schon von vielen vor mir gesagt worden, nur mit dem Unterschied daß eine Buchstabenveränderung mit dabei vorgegangen seyn solle, so will ich mich weiter nicht dabei aufhalten, dann ich habe eigentlich meine Urkunden nur in die Erzehlung Sleidani und der Acten beim Hortleder einpassen wollen. Nach diesen Anmerkungen fället indessen von selbsten in die Augen, daß die vorgebliche Veränderung des Worts einig in ewig in actis so ohnerfindlig seye, als sie an sich denen Kaiserlichen Ministris zu ihrem factischen Endzweck ohnnöthig gewesen.

§. 13.

Eines will ich aus Gelegenheit der Urkunden No. X. & XII. noch anführen. Der Kaiser trauete dem sehr lebhaften Landgrafen nicht. Den Packischen Handel, den er in des Kaisers Abwesenheit von Deutschland angestellt, hatte dieser nicht vergessen. Des Landgrafen Lebhaftigkeit bei dem Anfang des Schmalkaldischen Bundes blieb ihm nicht unbekannt. Die Vertreibung Königs Fer-
dinandi

dinandl aus dem Würtembergischen und die
Niederlage der Herzoge von Braunschweig
war ihm noch in ärgerlichen frischen Anden#
ken (1). Dahero wird begreiflich, daß er
sich von seinen Spanischen Räthen bereden
lassen, dismal unter einem scheinbaren Vor#
wand sein ihm bei einer andern Gelegenheit
so theuer gewesenes Kaiserliche Wort zu um#
schreiben und dahin zu deuten, der Kaiser
habe seinen Räthen keinen andern Befehl ge#
geben, dann auf die Wege zu handeln, daß
der Landgraf eine Zeitlang in Jhro Majestät
Custodien seyn, und um des Churfürsten von
Sachsen willen mit ewiger Gefängnus ver#
schonet werden solle (m). Es fehlte auch
nicht an dem scheinbaren Vorwand. Nem#
lich der Landgaf sollte so lang in der Kaiser#
lichen Custodi bleiben, bis er den Capitula#
tions = Punkten ein Genüge gethan haben
würde, und redete man anfänglich von 14.
Tagen. Man sahe aber gar bald, daß die
Kaiserlichen Räthe einen bösen Willen hat#
ten und den Kaiser versteiften, dem Landgra#
fen so lang bei sich zu behalten als möglich.
In

(1) Man kann hierüber Köhlers Reichshistorie
unter Carolo V. nachsehen, der die Fontes
alle allegirt, deswegen ich sie nicht nachschrei#
ben mag.

(m) Hortleder L. V. c. I. p. 1282.

In Verfolg des 25. Artickels der Capitulations-Punkte (No. III.) solle Churfürst Moritz von Sachsen, Churfürst Joachim zu Brandenburg und Herzog Wolfgang von Zweibrücken über der Vollziehung der Capitulation Bürgschaft leisten. Die Obligation wurde sub dato Halle den 19. Junius von denen anwesenden beeden Churfürsten vollzogen. Der Landgraf preſſirte den abweſenden Herzog Wolfgang auf deren ſchleunige Mitunterſchrift, weil ſeine Loslaſſung mit davon abhange. Als ſie einkam, ſo war dem Kaiſer das Datum nicht recht geſezt, ſondern muſte auf Naumburg den 22 Junius geſtellt werden, damit aber dieſes nicht gar zu anſtößig ſchiene, ſo tadelte man nebſtdeme an des Pfalzgrafen Titul, es ſeye: **Graf zu Veldenz**, ausgelaſſen, und noch ein anderer Pfalzgraf Wolfgang im leben, mithin könne ein Irrthum in der Perſon vorgehen. Dieſer war der fromme und gelehrte Pfalzgraf Wolfgang, des Churfürſten Friederici II. Bruder, der mit den Häuptern des Schmalkaldiſchen Bundes nichts zu thun hatte und in der Stille von ſeinem Appanagio lebte. Solches war Reichskündig, und niemand durfte ſeinenthalben Ombrage ſchöpfen. Wann aber je an der abgekürzten Titulatur etwas auszuſetzen were, ſo hätte doch das

Siegel

Siegel decidiren können; dann Herzog Wolfgang von der alten Churlinie, führte nur das Wappen von Pfalz und Baiern, Herzog Wolfgang von Zweibrücken aber hatte den Veldenzischen Herzschild mit dabei. Der Landgraf hätte also des abgekürzten Tituls ohngeachtet, und ob das Datum der Obligation auf den 19. oder 22. Junius stunde, doch losgelassen werden können. Es war im September als die umgefertigte Obligation einkam, mithin vor die Kaiserlichen Räthe immer so viel Zeit gewonnen. Der Kaiser hielt damalen die schon gedachte Comitia zu Augspurg, da man geschehen lassen muste, was er und seine Räthe unter allerhand Vorwand mit dem Landgrafen machte. Jedoch das gehört schon zur Historie der Gefangenschaft selbst, und nicht zu den Umständen der Gefangennehmung, darum schränke ich mich hier ein.

§. 14.

Ich erinnere nur noch, daß ich mich an die Acten und an die Historie Sleidani gehalten. Darum habe ich nothwendig von dem Thuano, soviel die angegebene Schriftverfälschung betrifft, so mit von allen denen, die ihr System vorzüglich auf dessen Zeugnus bauen, und welche mehrentheils von

Ley=

Leysero in *Medit ad Pand.* spec. DCCVIII. med. 18. von Herrn Vice-Kanzlar **Kortholt** in programmate de *Philippo Magnanimo Hassiae Landgravio iniuste captivo* 1747. Von **Köhlern** in der Reichshistorie p. 445. und von **Peter Plesken** in *disquisitione epistolari: vtrum Caroli V. Augusti dolo von einiger in ewiger Decreto de Philippi Magnanimi caqtivitate mutata fuisse falso dicato* ad B. Koelerum, Gœttingæ 1750. allegirt worden, abgehen müssen. Des vortreflichen **Thuani** Auctorität hat mich nicht eines andern überreden können, weil es einmal gewis ist, daß sich nicht findet, daß Churfürst Moritz sich über einen schriftlich geschehen seyn sollenden Irrthum herausgelassen, wie gleichwohl **Thuanus** L. IV. p. m. 197. vorgiebt, in verbis: Mauritius - - oravit - - sive is *error ex vitio scripturae* sive linguæ imperitia admissus esset &c. S. §. 10. N. 6. So wüste ich auch nicht zu erfinden, womit **Thuanus** seine Abweichung von **Sleidano**, dem er doch sonst bei dieser Sache Fus für Fus folget, beurkunden wollte. Mein Plan ist indessen nicht neu, sondern ich habe nur das was Churfürst Moritz vnd Landgraf Wilhelm in denen §. 3. angezeigten Stellen mit vieler Freimüthigkeit behauptet,

tet, nach Anleitung der Acten weiter auseinander gesezt.

§. 15.

Das kluge Betragen Herzog Wolfgangs bei dem Schmalkaldischen Bunde überhaupt, bei der Gefangenschaft seines Herrn Schwiegervaters und bei dem interim bis zu erfolgtem Paſſauiſchem Vertrag insbesondere, verdienet einen eigenen Abschnitt in deſſen Leben, welches ich mir vorlängstens pragmatisch zu beschreiben vorgenommen, durch meine vielfältige Zerstreuung, geschwächte Gesundheit und andere Umstände aber bishero daran gehindert worden. Daselbst hätte dann doch dieses Detail keinen Platz finden können. Deswegen habe ich es besonders zusammen geschrieben. Der Leser mag nun davon urtheilen.

No. I.

No. I.

Der Chur vnd Fursten Marggraue Joachims zu Brandenburgk vnd Hertzog Moritzen zu Sachßen. schreiben anfengklichs an Landgraue Philipsen zu Heßen ꝛc. gedhane,

Unser freundtlich Dienst auch wes wir Liebs vnd guts vermögen, allzeit zuvor, Hochgeborner Furst Freundtlicher lieber Oheim, Schwager, Vetter, Bruder, Vatter vnd Geuatter, Als Ewer Liebden sich gegen Christoffeln von Eblebenn zu Weissenfels Ires Gemuts ferner erclert, vnd er vns desselbigen berichtet, haben wir nit vnderlassen, bey der Kaiserlichen Maiestat zum vleißigsten anzuhalten, vnd ewer Liebden sach zu dem Besten zubefurdern, Was wir auch erhalten, das haben Ewer Liebdenn, auß der schriftlichen Verzaichnuß, so gemelt von Ebleben bey sich hatt, zu vernemmen, Weil nun die Artickel also gestelt das sy Ewer Liebden wole annemlich, So zweiffeln wir nicht Ewer Liebden werden Jre dieselbigen auch also gefallen laßen, Jn bedencken Jrer selbst auch Jrer Lande vud Leuth, vnd der weitheronge die one das volgen wurt, Darzu wir Ewer Liebden freundtlich bitten vnd ermanen, Dan wir verhoffen, Es werden vff denen fellen, Ewer Liebden, alle wol-

D 2 fahrt

fahrt vnd gemeiner frieden In Teutscher Nation erfolgen, Es wolt sich auch E. L. der Kaiserlichen Majestat vff Gnad vnd one Gnad furderlich einstellenn, dan wir versprechen E. L. das dieselb darburch vber die Artickel wedder an Leib noch Gut mit Gefengknuß Bestrickonge oder schmeleronge Ihres Landts sollenn beschwert werden, Und damit Ew. L. vns bester stattlicher zu glauben, So verpflichten Wir vns mit dieser vnserer Schriefft, wo Ewer Liebden vber soliche Artikel, wann sich E. L. vff Gnad vnd one Gnad stellen wurt, ainiche Beschweronge begegnen wurde, des wir vns kaines weges versehen, Das wir vns alsdan vff E. L. Kinder erfordern, personlich wollen einstellen, vnd das erwarten, das E. L. vber die Artickel vff soliche einstellonge wurde vfferlegt, So sollen Ewer Liebden der Religion halben gleich vns vnd Marggraue Hansen Vnsers lieben Brudern vnd Oheimen versichert werden, Dieweil wir dan gar nit zweifeln, Ewer Liebden sach werde durch diesen wegk sich dahin richten, das dieselb In Kaiserliche Maiestat Gnad komen, vnd von Jrer Maiestat wolfahrt zu gewarten habenn, So bitten vnd vermanen wir E. L. freundtlich und vleisig, sy wolle an Ire kein mangell sein lassen, sonder sich furderlich

wie

wie der von Eblebenn E. L. wurdet anzaigen, vnd wie obgemelt einstellen, auch Hertzog Heinrichen von Braunschweig vnd seinen Sone, mit sich pringen, die Artickel annemmen, vnd hierinn vns freundtlich volgen, wie wir In gleichem Fall E. L. zudhun, geneigt vnd willig weren, So versprechen wir E. L. hiemit, das derselb Hertzog Heinrich vnd sein Sone, Ewer Liebden nicht sollen abgetrungen, vnd ewer Liebden soll mit lebendigem Gelaybd genugsam versehen werden, Solichs geraicht Teutscher Nation zu ruhe frieden, vnd E. L. auch Jren Kindern Landen vnd Leuthen zum Vesten, Vnd Ist bey der Kaiserlichen Maiestat nichts weithers zu erhalten, dan Jre Maiestat stracks heroff beruhenn, darvmb lasse Ewer Liebden an Jre den frieden nicht erwinden, Vnd wir sindt Ewer Liebden freundtlich zu dhienen gantz willig, Datum In dem Feldtleger für Wittenberg, den vierdten Tag des Monats Juny Anno 2c xlvij

Von Gots Gnaden Joachim Marggraue zu Brandenburg Churfürst vnd Moritz Hertzog zu Sachßen 2c.

Joachim Churfurst   M. H. zu Sachßen
Manu propria ssʒt   m. propria ssʒt.

An den Landt Grauen zu Heßen 2c.

Hanc Copiam vidi cum suo vero ac sigillato
origi-

originali de verbo ad verbum concordantem quod pteſtor.

Hac manu propria
Joannes Bender Notarius ſſʒt

Hanc preſentem copiam, concordantem cum ſuo vero ac ſigillato originali de verbo ad verbum quod pteſtor hac manu mea propria,
Petrus Dietherich Nots. ſſʒt

Hanc Copiam vidi & ego Joannes Kreuther concordantem cum ſuo originali, quare pteſtor
Joannes Kreuther.

No. II.

Glaid zu der Kaiſerlichen Maieſtat für den Landtgrauen zu Heßen

Wir Joachim von Gots Gnaden Marggraue zu Brandenburg des hailigen Romiſchen Reichs Erß Camerer vnd Churfürſt, zu Stettin, Pomern der Caſſuben, Wenden vnd Schleſien zu Croſſen Herßog Burggraue zu Nuernberg vnd Furſt zu Rugen, vnd von denſelben Gnaden, Wir Moriß Herßog zu Sachßen, Landtgraue zu Dhüringen vnd Marggraue zu Meißen, Bekennen vnd bhun kundt, Das wir auß ſonderer gnädigſten

Be-

Bewilligonge vnd nachlaßonge der Romiſchen Kaiſerlichen Maieſtat vnſers allergnedigſten Herrn, den hochgebornen Furſten Herrn Philipſen Landtgrauen zu Heſſenn Grauen zu Catzenelenbogen, Dietz Ziegenhain vnd Nidda, vnſeren freundtlichenn lieben Oheimen, Schwagern, Geuattern, Bruder vnd Schwehrn In hochgedachter Kaiſerlicher Maieſtat Feldleger, welches orts daßelbig zu jederzeit ſein, oder anruffen wurde, zukomen, verſchrieben, vnd darzu ſeinen Liebden vnd denen ſo ſy mitbringen werden, vnſer frey frolich ſicher vnd onegeuerlich Gelaid zu vnd ab biß widder zu ſeiner Liebden gewarſame gegeben, vnd zu geſchrieben haben, Geben vnd zuſchreiben ſeinen Liebden vnd den Jren ſolich Gelaid In allermaßen wie berurt, hiemit In crafft dieß Briefs, Gebieten darvff mennigklichem dieß Brieffs anſichtigen, auch gutlich geſinnende vnd begerende, ſein Liebden vnd den Jren wen ſy mit ſich pringen werden, ſolichs Gelaid ſteet veſt oneverbruchlichen zu halten, Sein Liebden oder die Jhren tarwidder In nichtsnit zu beſchweren, Darane geſchicht der hochgedachten Kaiſerlichen Maieſtat ernſte meynunge Doch das ſich ſein Liebden vnd die Jren auch glaidtlich halten ſollen, trewlich vnd onegeuerlich, Zu vrkundt mit vnſerm vffgedruckten Secreten beſiegelt, auch

D 4   mit

mit vnsern handen vnderschrieben, Geben Im Kaiserlichen Feldleger für Wittenberg, Sonnabents am abent Trinitatis Anno ꝛc. 47.

Joachim Churfürst   M H zu Sachßen
manu propria ssʒt   m propria ssʒt

No. III.

Artickel so dem Landtgrauen des Vertrags halber fürgeschlagen worden.

Erstlich soll der Landtgraue sich selbst vnd seine Land der Kaiserlichen Maiestat In Gnad und onegnade ergeben auch in aigener persone sich zu Jrer Majestat vmb verzeihung zu bitten, zu verfügen, vnd den Fußfall dhun,

Es soll auch hinfuran gedachter Landtgraue sich gegen ihrer Kaiserlichen Maiestat als ein vndertheniger gehorsamer Furst vnd dhiener, auch der gnebigsten Verzeihonge halben so Jre Maiestat Jme dhun wurdet dermaßen danckbar erzeigen, das Jre Maiestat konfftiger Zeit dessen megen ein gnedigs Benugen haben,

Ferner soll er Jre Maiestat fur seinen obersten ainichen Herrn vnd allergnedigsten Kaiser achten halten vnd erkennen, auch zu unterthenigster gehorsame, alles das dhun was

was ainem gehorsamen Fursten Vasall vnd vnderthan, gegen Ihrer Maiestat zu dhun gepurt sich jederzeit an Ire Maiestat halten, auch alles was Jrer Maiestat zu gutem fried ruhe vnd ainigkeit der Teutschen Nation verordnen wurdet, vollig vnd genzlich voln=strecken,

Auch soll er der Justitien des Cammer=gerichts so Ire Maiestat Im hailigen Reich vffrichten wurdet, Gehorsam leisten, sein gepurnuß zu vnderhaltonge desselbigen er=legen,

Item er soll mit guten Trewen sampt andern Stenden des Reichs, hilff wibber Turcken thun, auch Jrer Maiestat gute fur=nemen zu Jederzeit nach allem seinem Ver=mogen, befurdern, Zu dem so soll er sich auch aller aynung vnnd Bundtnüssen, so er es sey mit wem es wolle, In ober ausserhalp Teutscher Nation haben mochte, Vnd In=sonderheit deß Schmalkaldischen gentzlich ver=zeihen, auch schuldig sein dieselben zu spe=cificiren, Jrer Maiestat alle Brieff so dar=zu dienstlich sein mochten, zu liefern, auch was dasselbig Verbundtnuß, auch mit wem vnd was er mit Jrer Maiestat oder des Romischen Konigs Vnderthanen für Ver=stentnuß gehabt, Vnderschieblich zu ercleren vnd derselben Brieff zu lieffern,

Er

Er soll auch fúrohin ainiche Bundtnuß ainonge oder Verstandtnuß es sey vnder was Conditionen es Immer woll, nit machen noch eingehenn, darJnnen Jre Kayserliche auch die Romische Konigkliche Maiestat, sampt andernn so Jrer Maiestat gehorsam sein werden, nicht außbruckenlich vollig vnd genzlich begriffen vnd vorbehalten sein,

Jrer Maiestat feinden sy seihen wer sy wollen, soll er wedder dieser Zeit noch konfftigklich Jn seinem Landt zu handeln oder wandeln mit nichten gestatten, sonder dieselben genßlich darauß treiben,

Vnd ob Jre Maiestat gegen ainicher persone straff furneme, so soll sich gedachter Landtgraue solichs in ainicherlay weise zu verhindern, oder denselbigen personen vnder ainichem schein anzuhangen, mit nichten vnderstehen,

Darneben soll er allenthalben durch sein Landt vnd Jn desselben Befestigonge so offt vnd dick es Jrer Maiestat gefellig, Paß vnd offnunge geben,

Jtem er soll seine Vnderthanen so hinfuran widder Jhre Kaiserliche oder Romische Konigkliche Maiestaten ainichen andern dhienen wúrden, mit allem ernst straffen, auch die so gegenwertigklich vnd mit der thatt darjnnen befunden, abfordern dergestalt das sy

Jn=

Innerhalben Vierzehen Tagen abziehen, vnd wo solichs Vbergangen, er alsdann denselben alle Ire Guter Irer Kaiserlichen Mayst zu nutz, doch allein mit Vorbehaltonge sein des Landgrauen LehensOberkeit Confisciren vnd einziehen,

Nachdem auch Ire Maiestat In diesem wehrenden Krieg auß seinem Verursachen, so mergklichenn onecosten vffgewandt, demnach vnd Inn Bedenckonge desselben, so soll er Irer Maiestat zu straf ein suma Gelts, nemlich hundert tausent vnd funffzig dausent Gulden bezalen, Auch In der Statt N. an gedachter suma die hundert dausent Gulden Innerhalp dreien Wochen nach dato der Abrede, volgends den vberigen rest Innerhalp aines Monats nach dem ziele der ersten Bezalonge anzurechnen, erlegen, bitt darneben Ire Maiestat gantz vnderthenigklich, nachdem etwas weithers zu dhun, nit wol In seinem Vermogen, do er sich gleichwol ains mehers gegen Irer Maiestat schulbig erkente, das Ire Maiestat sich an obgehorter suma gnebigst wolte ersettigen laßen,

Darvber soll er auch alsbald alle Befestigong seines Landts außerhalp Ziegenhan oder Cassel nach Irer Maiestat Walh, schleiffen, Ist abermals sein vnderthenigste Bitt an Ire Maiestat, das er zu sicheronge seiner

per-

persone aine auß derselben behalten moge, So soll er die Haupt vnd Kriegs Leuth, so In derselbigen Befestigonge die Ime pleiben soll, sein werden, In aller besten forma, wie es Immer zu erdencken, schweren lassen, Jrer Maiestat getrewe zu sein, Auch Im fall do der Landt Graue, widder diese Artickel handlen wurde, alsdann denselben platz fur Jre Mayst zu behalten Vnd den Landt Grauen dauon zuverjagen Vnd soll soliche Verpflichtonge vnd Aydt für gedachte haupt vnd Kriegsleuth gestelt werden,

Furohin soll auch In seinem Lande ainicher Platz außerhalp Jrer Kaiserlichen oder der Romischen Konigklichen Maiestaten Vorwissen Vnd außgedruckter Bewilligonge nit befestiget werden,

Verner soll er Jrer Kaiserlichen Maiestat one Verzug alles sein Geschutz, Kugeln, pfuluer Vnd munition Vberantworten, Daruon will Ime Jre Maiestat auß sondern gnaden widderumb laßen, was Jrer Maiestat gesellig, vnd Jre Maiestat erachten kan das zu dem platz, so er aus Jrer Maiestat bewilligonge fest behalten mag, vonnotten,

Hertzog Heinrichen von Braunschweig vnd seinen sone soll er lebdig laßen, vnd one Verzugk für Jre Maiestat bringen, Desgleichen alle die lebdig laßen, so vff gedachter

ter Hertzogen seithen geweſt vnd er gefangen, haben mocht Auch Jme dem Hertzogen ſein Landt frey widderumb einantworten, mit erlaſſunge aller pflicht, ſo die Vnderthanen deſſelben gethan haben mochten, Der ſchäden vnd Intereſſe des berurten Hertzogen halbenn ſoll er ſchuldig ſein, ſich mit Jme zu vertragen,

Was er dan dem Adminiſtrator des Hohemeiſter Ampts In Preuſen auch ſonſt Jeden andern onerechtmeßiger weiſſe abgetrungen vnd eingenommen ſoll er Juen widder geben, auch ſonſt mennigklich deß ſeinen genieſſen vnd gebrauchen laſſen, niemants darvber mit der that oder mit Gewalt beſchweren,

Er ſoll auch wedder gegen den Konig von Denmarck noch ſonſt mennigklich ſy ſein wer ſy wollen, von deßwegen was ſich In Jurgſtvergangner Kriegshandlonge zugetragen, oder das dieſelben ſeiner Parthy nit nachgefolgt oder vff Jrer Konigklichen Maieſtat ſeithen geweſt, ainiche Beſchweronge nit furnemmen,

Item alle die Gefangnen ſo in dieſem Krieg von deßwegen das ſy Jrer Maieſtat theils geweſſen beſtrickt, vnd noch zur zeit one oder durch ainiche mittell In ſeinem Gewalt ſein mochten, ſoll er von
ſtund

stund an, vnd ohne ainiche schatzonge er‐
ledbigen,

Auch sollen allen denen so gegen Jme
oder seinem Lande ainiche spruch vnd anfor‐
deronge haben oder vberkomen mochten, die‐
selben vorbehalten vnd der zu recht schuldig
sein, entwedder für den Commissarien, so
Jre Maiestat die Sachenn gutlich zu ver‐
tragen, verordnen, oder aber Jn mangell
desselben, zuhalten, was das CammerGe‐
richt darjnnen erkennen würdet,

So will Jre Maiestat vff mittell der
obgeschrieben Artickel, auch seinen vndertha‐
nen vnd Hoffgesinde, so fehrn sy sich zu hal‐
tonge derselben Artickel verpflichten, ver‐
zeihen, Gleichergestalt sollen deß Landtgra‐
uen Kinder, so nunmehr bey ihren Jaren
Ratification dieser Abredde Jn bester vnd
sicherster forma verfertigen vnd sich zu voln‐
ziehonge derselben verpflichten,

Item der Adell vnd alle vnderthanen
seines Lands sollen alles obgeschrieben zu
halten, schweren, wie dann gedachter Landt‐
graue derhalben, aller Jrer Ayd vnd pflicht,
damit sy Jme verbunden, doch allein der
Vrsach das sy Jme Jn den Sachen so dem
obgeschrieben zuwidder, gehorsame zu laisten
nit schuldig, erlassen, Vnd Jm fall do der
Landtgraue hier zuwidder etwas handelte,
so

so sollen gedachter Adell vnd Vnderthanen schuldig sein, nach seiner persone zu greifen, vnd Jrer Maiestat Jnen zu vberantworten,

Der Churfurst von Brandenburg, Hertzog Moritz zu Sachsen vnd Hertzog Wolffgang von Zweibrucken sollen sich in gepurlicher forma verschreiben, das alle oberzelte Artickel vestigklich gehalten, vnd ob aber Je der Landtgraue darvber nit halten wurde, das Jre Chur vnd Furstl. Gnaden mit allem Jrem Vermogen vnd hores crafft neben des Landtgrauen Landtschafft Jme nachtrachten vnd dahin sollen zwingen helffen, solicher seiner Verwilligong stracks nachzusetzen, vnd Jrer Kayl. Maiestat gehorsam zu laisten.

No. IV.

Antwort vnd Artickel welche von wegen des Landtgrauen sindt Christoff von Ebleben widder mitgegeben, den 7ten Juny Anno ꝛc. 47.

Erstlichen so viel die Versicheronge der Religion halben belangt, Jst seiner Furstlichen Gnaden Beger, das sein Furstlichen Gnaden die Copy wie der Churfurst zu Brandenburg vnd Hertzog Moritz zu Sachsen ꝛc. deßhalben versichert, furderlich vnd vffs ylendte zugeschickt werde,

Zum

Zum andern das die Wort die sein Furstl. Gnaden neben dem fusfall In der Abbittonge redden soll, gestelt vnd dahin gerichtet werden, das Jre Furstlichen Gnaden die mit ehren redden mogen, vnd zweifeln sein furstliche Gnaden nit, Herzog Moriz selbst wurt seiner Kinder halben es nicht anderst gern haben, noch dieß gebulden, das Jnen Jres Grosvatters halben, etwas beschwerlichs solte furgesagt werden,

Zum Dritten so viel den Paß vnd offnung belangt, begern sein Furstliche Gnaden hinzuzusetzen, das doch dieselb widder sein furstliche gnaden nicht gepraucht, vnd In alle wege denselben vnd den Jren oneschädlich,

Zum Vierten Belangende die Hundert vnd funffzigk Tausend Gulden, zu zwantzig Sechs albus, Ist es seiner furstlichen Gnaden onemoglich In solicher kurtzen Zeit die ermelte suma zu erlegen, Es wolten aber sein furstliche Gnaden den halben teile der obernanten Suma In Sechs Wochen nach beschehener Abbittonge entrichten, vnd die ander helfft In zweien Monaten hernacher erlegen,

Nota wan bauon geredt werden wolt, das sein fl. Gd. mit Gelt wolle gefast, als ban bargegen anzuzeigen, das deß Gelts nit
mehr

mehr dan Hundert dauſent Cronen geweßen, deßen aber ſey allbereidts viel vnd ein guts theil vff das Kriegs Volck gegangen, Vnd müßen Jre furſtlichen Gnaden ſolichs entnommen gelt Jn drey Monaten widderumb entrichten vnd bezahlen,

Zum Funfften Stehen Jn ainem Artickell dieſe Wort, das ſein furſtliche Gnaden als ein gehorſamer Furſt vnd Dhiener ꝛc. haben ſein furſtliche Gnaden des worts dhiener halben etwas bedencken, dieweil ſein fl. Gnaden kein Beſtellonge oder Dienſtgelt von Kaiſerlicher Maieſtat haben, Darumb mochte ſein Fl. Gnaden leiden, das ſein Fl. Gl. derowegen einen Verſtandt von Kaiſerlicher Maieſtat hetten, oder das Wortlin, dhiener, außen gelaſſen wurde,

Zum Sechſten ſey ſein furſtlichen Gnaden onegelegen vnd bedencklich, mit Hertzog Heinrichen vnd ſeinem ſone vber Feldt zuraißen, Es wolten aber ſeine Fl. Gnaden, ſy beide an ain Ort ſchicken, do ſolte ſy der Churfurſt zu Brandenburgk vnd Hertzog Moritz durch Jre Rethe vnd dhiener gelaitlich holen, Vnd ferner zu der Kaiſerlichen Maieſtat bringen laßen, Es wolten auch mitlerweile ſein Fl. Gnaden ſich mit Hertzog Heinrichen ferner vergleichen vnd vertragen, Vnd ſo es Jren Chur vnd fl. Gnaden alſo
gefel-

gefellig, wollen sein fl. Gl. ghein Saltza'
pringen laßen,

Zum Siebenden zu stellonge des Landts
betreffl. seyhend sein Furstliche Gnaden dessen
zu frieden, doch versehen sy sich, das solichs
kein andre maynunge noch verstandt habe,
dan das seine Furstlichen Gnaden die Vnder=
thanen an Jnen Hertzog Heinrichen weisen,

Deßgleichen mogen sy mit dem Churfur=
sten zu Sachßen auch verschaffen, das von
wegenn seiner Churfurstlichen Gnaden solichs
Anweisonge auch beschehe,

Zum Achten erfordert seiner furstlichen
Gnaden hohe Notturfft, das der sone Brieff
welche sein furstlichen Gnaden zugestelt wer=
den soll mit Romischer Kaiserlicher Maie=
stat siegell becrefftigt vnd verwardt werde,

Deßgleichen auch die Nebenversicheronge
der Religion halben.

Item das Jn gemeltem Sunebrieff das
auch begrieffen das seine Furstliche Gnaden
von der Acht absoluirt vnd Jn Jren vorigen
standt gentzlich restituirt vnd gesetzt werde,

Item das die abgedrungen Lehen sein
fl. Gl. widderomb zugestelt, doch das die
Lehenleuth sich verpflichten, widder die Kai=
serliche Maiestat nit zu dhun,

Zum Neundten das die entledbigong der
gefangnen betreffend, das derselb Artickel
dahin

dahin gericht werde, das die meinem gne=
digen Herrn abgefangen gleichergestalt auch
ledbig wurden,

Zum Zehenden, das bey dem Artickel
welcher sagt, das die Kaiserliche Maiestat
seiner furstlichen Gnaden Vnderthanen vnd
Haus Gesinde so fehrn sy sich zu haltonge
der Artickel verpflichten 2c. verzeihen will 2c.
gesetzt werde, auch seiner Furstl. Gnaden
thiener, do aber das Wort dhiener nit zu=
erheben, das dan doch die mit drin begrief=
fen werden, welches seiner Fl. Gnaden dhie=
ner gewesen seint von anfang dieses Kriegs,

Zum Ailfften wiewol seiner Fl. Gnaden
eltister sone noch minderjarig vnd nit viel
vber vierzehen Jar alt Ist, vnd die andern
noch Junger einer kaum zehn vnd der ander
funff Jar alt Ist, So achten sein Fl. Gl. der=
selben ratification von one vonnotten, wo es
aber vonnotten, sollen sy dieselb ratification
auch dhun,

Zum Zwolfften wissen sein furstl. Gna=
den von gantz keiner Bundtnuß, die sein
furstl. Gnaden mit der Kaiserlichen vnd Ko=
nigklichen Maiestaten Vnderthanen habe,

Vnd als gemelt wurt, sein furstliche
Gnaden sollen kein Bundtnuß machen, one
außnemmen der Kayl. vnd Konigklichen Ma=
iestaten gehorsamen 2c. wolten sein Fl. Gna=

den gern daß dieselben gehorsamen specificirt würden,

Zum dreyzehenden Ist Seiner furstlichen Gnaden bitt, das der Churfurst zu Brandenburg deßgleichen Hertzog Moritz zu Sachßen ꝛc. sein furstliche Gnaden ein tag raiß oder zwo entgegen kommen, vnd die Sachen dahin befordern wolten, das sein furstliche Gnaden vber funff oder sechs oder acht tage nit vffgehalten wurden,

Diese obgemelte ding alle sindt nit wid‍der die Substanz der zugeschickten Artickel, wollen sich darumb sein fl. Gnaden versehen vnd den Churfursten zu Brandenburgk vnd Hertzog Moritzen ꝛc. freundtlich gebetten ha‍ben, das Jre Chur vnd fl. Gnaden, dieß also bei diese Artl. befestigen wollen, Vnd so bald Jre Chur vnd fl. Gnaden seiner furst‍lichen Gnaden schreiben vnd den Tag vnd platz benennen werden, do sy zu Kaiserlicher Maiestat kommen sollen, will sein furstliche Gnaden vff Jrer Chur vnd Furstlichen Gna‍den schreiben zugeschickt gelayd vnd versiche‍ronge kommen,

Vnd wan Jre Fl. Gnaden also erscheinen, vnd mit der Romischen Kaiserlichen Maiestat vertragen, bitten sein Fl. Gnaden die ding dahin zu befurdern, das sein furstl. Gnaden zugelassen vnd vergundt werde, der Sachßi‍schen

ſchen vnd Seheſtett halben auch handlen zu
laßen, So wollen Jre furſtl. Gnaden Jre
Rethe dahin ſchicken, der Hoffnunge ſoliche
ſachen gleichergeſtalt vff gute wege auch zu
pringen, Signatum Caſſel Septima Juny
Anno ꝛc. 47.

Memorial.

Daß ſein Fl. Gnaden Bickenbach Jugenhaim vnd Seheim von Jre laßen, ſolichs wer
der ſchrifft ſo der Marggraue Churfurſt vnd
Herzog Moriz zu Sachßen ꝛc. ſeiner fl. Gb.
Jzo gebhane, geſtracks zu widder, dan die
pringt mit ſich, das ſeiner fl. Gnaden an
Jren Landen kein Abbruch beſchehen ſoll,
ſein fle Gnaden konnen das auch nit entpe-
ren, Es iſt vber dreißig bauſent Gulden
werth, ſein fl. Gnaden habens erkaufft, darumb bitten ſy die beide Chur vnd Furſten
wolten ſein fl. Gnd. damit nit beſchweren.

N. V.

Der Kaiſerlichen Maieſtat Reſolution vff gepettene
erclorunge extenſion vnd enderunge etlicher
Artickell,

Die forma der Abbith ſoll geſtelt werden,
Das wort Dhiener Jm andern Artickel
will Jre Maieſtat auß dhun laßen,

Weil der Landtgraue ſagt das er mit der
Kayl. vnd Konigkl. Maieſtaten Vn-

derthanen kein Bundtnuß habe, So will
Jre Maiestat Jme darjnnen glauben geben,
Vnd die Wort im Sechsten Artickel diesen
puncten belangende außlassen, Doch versieht
sich Jre Maiestat ob je der Landtgraue mit
gedachten Vnderthanen ainichen Verstandt
oder handlonge gehapt, oder gemacht hette,
das er soliches Jrer Majestat seinem erpieten
nach getrewlich vnd bey gutem glauben, wie
es mit demselben allenthalben geschaffen, an=
zuzaigen nit werde vnderlassen,

Weil der Siebendt Artickel allain dahin
gerichtet, das er Landtgraue kein bundtnuß
vffrichten soll, darjnnen Jre Kayl. vnd Ko.
Maiestaten samt andern so Jrer Maiestat
gehorsam sein werden, nicht außgenommen,
So bedarff er darjnnen kein Difficultet ma=
chen seythemal er solichs one das zu thun
schuldig,

Mit dem gepetenen Termin, die andert=
halp hundert Gulden, halp zu sechs wochen
nach geschener Abbith, vnd die ander helfft
In zweien Monaten nach Außgangk solicher
sechs wochen zu erlegen Ist Jre Maiestat
letstlich auch zufrieden,

Der Festonge vnd Geschutz halben, bleibt es
bey dem Jnhalt des dreyzehenden vnd funf=
zehenden Artickels, dieweil man man bey
Jrer Maiestat dieser Zeit auß Vrsachen, so

dem

dem Churfursten von Sachßen angezeigt worden, weither mit fug nit wole anhalten mag,

Vff den Sechszehenden Art. Hertzog Heinrichen vnd seinen sone vnd das Landt zu Braunschweig belangende, soll der Landtgraue seinem erpieten volg thun,

Bey dem Ainvndzwantzigsten Artickel mag er die Jhenen so er ausserhalp seiner Vnderthanen vnd Hoffgesinde In diese handlonge zu ziehen bittet, mit namen anzaigen, Alsdann will sich Jre Maiestat darvff vernemmen lassen,

Außerhalp der Artickel

Bey dem Neunzehenden Art. Ist Jre Maiestat zu frieden, weil von den Jenigen so durch Jrer Maiestat Kriegs Volck dem Landgrafen abgefangen nit vber drey Personen noch in verhafftonge sein soll en, das dieselben drey Personen wan sy namhafftig gemacht vnd also wie die Anzaigonge beschicht, geschaffen sein loß gezelt werden, doch darff soliche nit In den sure brieff gesetzt werden,

Der Versicheronge der Religion halben, versicht sich Jre Maiestat er werde In dem damit die beide Churfursten Sachßen vnd

Bran-

Brandenburg zu frieden geweſt, auch kein Difficultet machen,

Ire Maieſtat will den Landgrauen nach beſchener Abbith von der außgekundigten Acht entpinden vnd einen vnderſchriebenen vnd beſiegelten Sunebriefe vber alle handlonge verfertigen vnd Ime zuſtellen laſſen,

Der Witt die Lehenſtuck belangende, ſo Irer Maieſtat oberſten der von Gruͤningenn ſeliger ſampt Prießbergern vnd andern eingenommen, kan Ire Maieſtat kein ſtatt geben ſonder Iſt bedacht dieſelbenn weil ſy zum teile one das ſtreittig fuͤr ſich zu behalten,

Dargegen aber Iſt Ire Maieſtat vff beſchen: Furpitt zufrieden, das Ime Bickenbach Geheim vnd Jugenhaim pleipen, Vnd dieweil Ire Maieſtat die Ihenigen, denen ſy ſolche Guter gegeben, In ander wege Contentiren muß, der zuverſicht er werde es gleichwole gegen denſelben an einer zimlichen Verehrunge auch nit mangeln laßen,

Der Sehe vnd Sachßiſchen Stett halben wurdet Ire Maieſtat des Landtgrauen erpieten zu gefallen annemen, doch das er mit Inen ehe oder weiter nit handle oder practicir biß wan vnd wie es Irer Maieſtat gefellig vnd Ire Maieſtat mit Ime verordnen wurdet.

Ire

Jre Maieſtat will auch den Grauen vnd andern fur denen ſich der Landgraue beſorgt, alsbald ſchreiben laßen, biß vff Jrer Mayſt. weithern Befelch (der Jnen Jn funff tagen hernach komen ſoll) mit thattlichen eingrieff gegen Jme ſtill zu ſtehen,

No. VI.

Beider Churfurſten zu Sachßen vnnd Brandenburg Obligation vnd Verbindonge von wegen der eingangnen vnd vffgerichten Landtgreuiſchen Capitulation darzu mein gnediger furſt vnd Herr Hertzog Wolffgang auch begriefſen vnd verfaſt Iſt,

Von Gots Gnaden Wir Mauritz Hertzog zu Sachßen Landtgraue zu Dhuringen Marggraue zu Meißen vnd Wir Joachim Marggraue zu Brandenburg zu Stettin Pomern, der Caſſuben Wenden vnd zu Schleſien zu Croſſen Hertzog Burggraue zu Nurenberg vnd Furſt zu Rugen, des hailigen Romiſchen Reichs Ertzmarſchalck vnd Ertz-Cammerer beide Churfurſten, vnd Wolffgang Pfaltzgraue bey Rhein Hertzog Jn Bayern, Graue zu Veldentz, bekennen hiemit offentlich mit dieſem Brieff gegen Jedermenniglich, Als der durchleuchtigſt großmechtigſt Furſt vnd Herr Herr Carl Romiſcher

Kai-

Kaiſer zu allen Zeiten mehrer deß Reichs In Germanien zu Hiſpanien beider Sicilien Jeruſalem Hungern Dalmatien Croatien ꝛc. Konig ErtzHertzog zu Oſterreich Hertzog zu Burgundi Graue zu Habspurg Flandern vnd Tirol ꝛc. Vnſer allergnedigſter Herr den hochgebornen Furſten Vnſern lieben Oheimen ſchwagern Vettern vnd Vattern, Heren philipſen Landtgrauen zu Heſſen Grauen zu Catzenelenbogen Dietz Ziegenhain vnd Nidda von wegen nechſtentſtandner vnd geubter Kriegshandlonge deßhalben die Romiſche Kaiſerliche Maieſtat zu hochſten onegnaden gegen ſeinen Liebden bewegt, vff beſchehen vnderthenigſte Vorbitt vnd ſeiner Liebden ſelbſt vnderthenigſte Abbith vnd erzeugte Demuth ein Capitulation mit ſeiner Liebden getroffen vnd eingangen nach fernerm Inhalt derſelben, Am anfangk zu wiſſen das die Romiſche Kaiſerliche Mayſt. vff vleißige furbitt der Durchleuchtigſten hochgebornen Furſten vnd Herrn Herrn Moritz Hertzogen zu Sachßen Landtgrave In Dhuringen vnnd Marggraue zu Meiſſen vnd Herr Joachim Marggraue zu Brandenburg zu Stetin Pomern der Caſſuben vnd Wenden Hertzog Burggrave zu Nurenberg vnd Furſt zu Rugen, deß hailigen Romiſchen Reichs Ertzmarſchalck vnd ErtzCammerer Churfurſten ꝛc.

vnd

vnd am dato alſo lautend geſchehen vnd ge‑
ben zu Hall den Neunzehenden tag des Mo‑
nats Juny nach Chriſti vnſers lieben Herrn
Gepurt funffzehen hundert vnd Jm Sieben
vnd viertzigſten Jar, Vnd aber darinn vnder
andern vnß ſamentlich zu obligiren offerlegt
ſein lieb zu gepurlicher haltonge aller Arti‑
ckel derſelben capitulation anzuhalten vnd
zuweiſen, Das wir vns demnach ſamptlich
hiemit vnd Jn crafft dieß Briefs gegen der
Romiſchen Kaiſerlichen Maieſtat vnſerm al‑
lergnedigſten Herrn bey vnſern Churfurſt‑
lichen Wurden, furſtlichen Trewen vnd wa‑
ren Worten obligiren, verpflichten zuſagen,
vnd verſchreiben, ſo viel der Artickel Jn der
Capitulation von wegen ſeiner Liebden Voln‑
ziehonge vnd haltonge aller Artickel Vns
offerlegt vnd Jnheltet, das wir demſelben
gepurliche wurckliche Volg dhun ſollen vnd
wollen, one alle widderrede Vnd Auszug
Alſo wo ſein Lieb dieſelben Artickel alle der
Capitulation nit wurcklichen Volnziehen vnd
veſtigklich halten, vnd Jn ainem oder mehr
Articklen fellig oder ſich widderig erzaigen
wurde, das wir vnd zu ſeiner Liebden kei‑
neswegs verſehen, Das wir alsdan vnd Jm
ſelben fall ſeiner Liebden nicht holtonge mit
allem vnſerm Vermogen vnd hores krafft
neben ſeiner Liebden Landſchafft, ſeiner Lieb‑
den

den nachtrachten vnd die dahin zwingen sollen, solicher seiner Verwilligonge stracks nachzusetzen, vnd der Romischen Kaiserlichen Maiestat gehorsame zu laisten, wo wir aber herJn seumig, oder ainichen Mangell darane erscheinen liesen, so soll die Kaiserliche Maiestat gut fugk macht vnd recht haben, vnd vns vnsere Landte vnd Leuth zu Jren handen einzuziehenn vnd damit zu handlen, nach Jrer Maiestat willen vnd gefallen, Darfur vns vnsere Lande vnd Leuth rit schutzen sollen einiche exception einredde vnd freyheit wie die nammen haben mochten, Dan wir vns derselben aller vnd Jeder hiemit genßlich verziegen vnd begeben, Zu Vrkundt mit vnsern aigen handen vnderschrieben, vnd anhangenden Jnsiegeln versiegelt, Geschehen vnd geben zu Naumberg Mittwochs den zwen vnd zwaußigsten Juny, do wir beide obgenante Churfursten Sachßen vnd Brandenburg personlich gewesen nach Christi vnsers Herrn Gepurt Funffzehen hundert vnd Jm Sieben vnd vierßigsten Jar,

M. ChurFurst
M. propria sszt.
  Joachim Churfurst Wolffgang rc.
  Manu propria sszt.

No. VII.

No. VII.

Schrifft vom Landtgrauen Außgangen darJnn sein
fl. Gnaden melu gnedigen Fursten vnd Herrn Hertzog Wolffgangen bitten, sich neben den Churfursten ꝛc. vorberurter Burgschafft zu
vnderfahen,

Unser freundtlich Dienst vnd wes wir liebs
vnd guts vermogen allzeit zu vor hochgeborner Furst freundlicher lieber Vetter
vnd Sone,

Wir haben vns mit Kaiserlicher Maiestat off vnderhandlonge der beider Churfursten zu Sachßen vnd Brandenburg Jn einen
Vertrag begeben, des Capitulation vnder
andern Vermage, das wir Jre beider vnd
Ew. L. sollen zu Burgen setzen, daroff auch
Jre Liebden guttwillig den Burgenbrieff vnderschrieben, vnd versiegeln, wie gegenwertig e. L. zustellen wurt, Freundtlichs Vleiß
bittende E. L. wolle vns zu einem sondern
Gefallen vnd gemeinen handell zum besten solichen Brieff auch vnderschreiben
vnd versieglen, vnd further dermassen wie
gegenwertiger berichten wurdet vns nach
Vlm zu schicken, vnd dargegen hieneben
vnsern schadloß brieff empfahen, das
thun wir vns zu E. L. freundtlich versehen, vnd sindts hinwidder vmb dieselb gantz
freundtlich vnd Vetterlich zu verdhienen geneigt,

neigt, Datum Im Kaiserlichen Leger für Salfeldt den 27. Juny Anno ꝛc. 47.

Philips von Gots Gnaden Landtgraue zu Hessen Graue zu Catzenelenbogen.

No. hernach volgents hat der Landtgraue mit seiner aigenen handt geschrieben,

Ew. Liebden wolle solichs nit vffhalten, dann es zu vnserer forderlichen heimerlaubonge dhienet, Solt aber E. L. es lang vffhalten, wurde es vns zu Beschwernuß geraichen, Ewer Liebden sollen nit zweifeln, was wir vns gegen Kaiserlicher Maiestat verpflichten, wollen wir trewlich halten.

Philips Landtgraue zu Hessen sszt.

Dem hochgebohrnen Fursten Herrn Wolffgangen Pfaltzgrauen bey Rhein, Hertzogen Im Bayern vnd Grauen zu Veldentz vnserm freundtlichen lieben Vettern vnnd Sone ꝛc.

No. VIII.

Schrifft von meinem gnedigen Fursten vud Herrn an Juncker Ludwigen von Eschenaw Amptman zu Neucastell außgangen.

Wolffgang von Gots Gnaden Pfaltzgraue bey Rhein Hertzog In Bayern vnd Graue zu Veldentz.

Lieber getrewer Welchermassen vns der hochgeborn Furst vnser freundtlicher Lieber Vet-

Vetter vnd Vatter Burgschafft halben geschrieben, vnd wir darvff neben andern für sein Liebden, dieweil solichs zu deren erledbigonge dhienet, oneangesehen wie schwer es vns Ist, Burg worden sindt, hastu auß hiebey vberschickten Copyen zu sehen, das wolten wir dir deßen auch wissens hetteſt gnebigklich vnd vertrawlichen nicht bergen, Es hat vns auch sein Liebden die puncten des Vertrags zu komen laßen, dieweil aber dieselbigen denen so wir dir hiebeuor vberschickt, gantz gleich sein, hatt vns von onenoten angesehen dir dieselbigen noch einmale zu zusenden Datum den xj ten Julij Anno ꝛc. xlvij
Vnserm Amptman zu Neucaſtell Rath vnd lieben getrewen Ludwig von Eschenaw.

No. IX.

Landgraue schickt den Verburgknuß Brieff betreffent seine erledbigonge vnd wie der durch die Kaiserliche Maieſtat geendert, mit Beger den anderwerts zu vnderschreiben vnd zu versiegeln,

Unser freundtlich Dienſt vnd wes wir Liebs vnd guts vermogen, allzeit zuvor hochgeborner Furſt freundtlicher lieber Vetter vnd Sone, Das e. L. verlauffner weil vff vnser schreiben vndt freundtlichs ersuchen haben mit vnd beneben den beiden Churfurſten

ſten zu Sachßen vnd Brandenburg den Burgenbrieff vber die Capitulation ſo wir mit Kaiſerlicher Maieſtat haben eingehen müſſen, geſiegelt vnd vnderſchrieben, deß bedanken wir vns freundtlich, Seindt vrputig daſſelbig hinwidder vmb E. L. freundtlich zu verthienen,

Wollen aber E. L. nit bergen, Alß wir In Beyſein deß Churfurſtens zu Sachßen Raths Doctor Kneutlingers, haben der Kaiſerlichen Maieſtat Innerſtem Rath dem Biſchoff von Arres ſolchen Burgen Brieff zuſtellen laſſen, das er geſagt dieweil er nit ſonderlich Teütſch wol verſtund, wolte er ſolichen brieff In Kaiſerlichen Rath geben, were dan der Brieff recht geſtellt, ſo hette es ſeinen wege, wo nit ſo wolte er es vns verſtendigen,

Vber etliche dag darnach ſchreib er vns, ſy hetten den Brieff vberſehen vnd befunden, das darJnnen E. L. name nit genugſam außgedruckt were, Dan es weren zwen Pfaltzgrauen die alle beid Wolffgangk hieſen, darvmb ſolte zu ainem Vnderſcheidt bey E. L. namen vnd Tittell In ſolichem Brieff geſetzt worden ſein, Graue zu Veldentz,

So ſeyhe auch das Datum In ſolichem Brieff zu frue geſetzt, dan es ſtehe zu Hall In Sachßen, do doch die beide Churfurſten
zu

zu Sachßen vnd Brandenburg vnd sy die Kaiserischen sich erst solichs Brieffs mit ainander nach dem abziehen von Hall, zu Naunburgk vergleichen,

Dieweil dan dieser beider Ding halben der Brieff sey nottwendig zu andern, So wurde bedacht das gut sey auch den Anfang mit dem dato bemelter Capitulation In dem burgen Brieff zu setzen vnd zu Inseriren.

Vnd hat vns demnach ein Notell geschickt,, wie der brieff von Worten zu Worten lauten soll, welche wir dem Churfursten zu Sachßen als sein L. Jtzt alhie bey vns ankomen, zugestelt, Darvff sein Liebden dieselb von newen Ingrossiren lassen, vnd mit aignen handen vnderzaichnet, Aber sein Liebden haben Jre groß siegel nit bey sich gehapt, dieselb Verschreibonge alsbald zu siegeln, sonder wan seiner Liebden gros siegel hernach kompt, welches dan vff dem wege Jst, vnd seiner Liebden bey Jren Reutern die hernach ziehen, wurdet zukommen, so woltent sein Liebden darnach siegeln, Schicken Ewer Liebden denselben Brieff hiemit zu Jn welchem Jn der Substanz der vorigen obligation gantz nichts geendert Jst,

Bitten demnach freundtlich Ewer Liebden wolle solichen Brieff von newen siegeln vnd vnderschreiben, vnd vns den bey gegen-

F wer-

wertigem widder zukommen laßen, wollen wir den darnach von dem Churfursten zu Sachßen auch versieglen laßen, deßgleichen wurdet der Churfurst zu Brandenburg, welcher vff den Ersten Septembris oder zwen oder drey tag darnach wurdet zu Augspurg ankommen, vnd seinen altisten sone vnd etliche Rethe vorhin geschickt, die auch diesen newen Brieff gesehen vnd gelesen auch thun, Darnach wollen wir solichen Brieff der Kaiserlichen Maiestat zustellen vnd den vorigen Brieff widder dargegen herauß fordern laßen, Das thun wir vns also zu Ewer Liebden freundtlich vnd Vetterlich versehen, vmb die wir es hinwidder freundtlich zu verthienen gefliessen vnd geneigt sein, Datum Thonawerd am 27ten Augusti Anno ꝛc. 47.

Philips von Gots Gnaden LandtGraue zu Heßen, Graue zu Caßenelenbogen
P L f Heßen sszt
P Cr.
S Vnig. Ssszt.

Dem hochgebornen Fursten Herrn Wolffgangen Pfaltzgrauen bey Rhein Herzogen In Bayern vnd Grauen zu Veldentz ꝛc.
Vnserm freundtlichen lieben Vettern vnd Sone,

No. X.

No. X.

Meines gnedigen Fursten vnd Herrn Antwort vff vorergangene Landtgreulsche schrifft gevolgt ꝛc.

Vnser freundtlich Dienst vnd was wir liebs vnd guts Vermogen allzeit zuvor hochgeborner Furst freundlicher lieber Vetter vnd Vatter, Ewer Liebden schreiben samt zugeschickten Burgenbrieff vber die Capitulation, so e. L. mit Kaiserlicher Maiestat vnserm allergnebigsten Herrn Jngangen, vnd welchermassen der durch der Kaiserlichen Maiestat verordneten geendert vnd von wegen vnserer subcription nit In crefften gangen Jst, haben wir neben angehengkter E. L. freundtlichen beger, das wir den anderwerts versiegeln vnd vnderschreiben wolten, entpfangen, vnd gelesen, hetten vns daruff versehen, Es solte der hieuor durch beide Churfursten vnser freundtliche Liebe Oheim vnd schwager auch vns versiegelt vnd vnderschrieben burgenbrieff In forma vnsers gewonlichen Brauchs langest In würkonge gangen, vnd damit Ewer Liebden erlebbigonge geschehen sein, Dieweil aber die Sachen sich dermassen begeben, sindt wir onebeschwert gewesen den anderwerts zu vnderschreiben vnd versiegeln zu lassen, wie der dan E. L, also gefertigt hiebey Irem Ohiener

ner widder zukompt, Dan e. L. In dem auch sonst, was deren zu nutz vnd wolfahrt beförderlich seyn mage, sindt wir freundtliche Dienst zu erzaigen, willig vnd geneigt, Datum Anno ꝛc. 47.

An Landtgraue Philipsen zu Hessen.

No. XI.

Supplication etlicher Chur und Fursten gesandten von wegen des Landtgrauen an die Kaiserliche Maiestat geschehen,

Allerdurchlauchtigster Großmechtigster oneüberwindtlichster Romischer Kaiser allergnedigster Herr, Die Durchleuchtigsten Durchleuchtigen hochgebornen Fursten vnd Herrn Herr Friedrich Pfaltzgraue bey Rhein Hertzog In Bayern, deß hailigen Romischen Reichs Ertztruchses vnd Churfurst ꝛc. Herr Wolffgang Pfaltzgraue bey Rhein Hertzog In Bayern vnd Graue zu Veldentz ꝛc. Herr Johans Marggraue zu Brandenburg ꝛc. Herr Heinrich vnd Herr Johann Albrecht geuettern Hertzogen zu Meckelnburg, Herr Ernst Marggraue zu Baden vnd Herr Christoff Hertzog zu Wirtenberg ꝛc, Vnsere gnedigste vnd gnedige Herrn, seindt von den Durchleuchtigsten hochgebornen Fursten vnd Herrn Herrn Moritzen Hertzogen zu Sachßen

ßen vnd Herrn Joachimen Marggrauen zu
Brandenburg beiden deß hailigen Romischen
Reichs Churfursten vnsern gnedigsten Herrn
berichtet worden, In was hohen Lasts vnd
beschweronge Jre Churfurstlichen Gnaden
von wegen Jres Blutsfreundts deß Landtgrauen zu Hessen gesengklichen enthaltonge
hafftenden vnd das derowegen Jre Churfurstlichen Gnadenn bedacht weren, vmb hocher-
melts Landtgrauen erleddigonge an Ewer
Kaiserliche Maiestat ein vnderthenigste Bitt
fürzuwenden, vnd gepetten, dieweil Jre
Churfurstliche Gnaden als Jrer Herrn vnd
freundte vnderthenigste Vorbitt wurde bey
ewer Kaiserlichen Maiestat dieser Jrer vn-
nertheniglten Bitt desto gnedigster statt zu
geben, hocherspriefilich sein, Das Jre Chur
vnd Furstliche Gnaden Neben Jren Churfl.
Gdl. einschickonge zu E. Kayl. Maiestat vnd
fur den Landtgrauen zu seiner furstlichen
Gnaden entleddigonge, ain vleisige vnd vnderthenigste Furbitt, dhun wolten, So dan
Jre Chur vnd Fl. Gnl. befunden, daß diese
e. Kayl. Mayst. ersuchonge vff solicher Bitt
ruet vnd hafftet, zu Gemut gefurt haben,
was Jre Chur vnd Fl. Gnaden, hochbenan-
ten beiden Churfursten Sachßen vnd Brandenburg als Jren angebornen Blutsfreun-
den In solichem billichen fall schuldig, Also

F 3   ha=

haben Jre Chur vnd Fl. Gnaden viel vnd hochbemelten beiden Churfursten soliche Suchonge vnd Bitt nit abschlagen wollen,

Vnd sindt demnach wir von hochgemelten Churfursten vnd Fursten zu Ewer Kaiserlichen Maiestat etliche mit Credentz Brieffen vnd mundtlicher Werbonge abgefertigt, vnd vnderthenigst bittende E. Kayl. Maiestat wolte die Credentz Brieff horen lesen, vnd dan vnsere Werbonge allergnebigst anhoren,

Allergnebigster Kaiser vnd Herr, Es bitten hochermelte Churfursten vnd Fursten zum vnderthenigsten Ewer Kaiserlichen Maiestat, wolte die hohe große vnd mergkliche Beschweronge so beiden Churfursten In diesem Handell obliegen, vnd Ewer Kaiserlichen Maiestat auß dem furpringen von Jrer Churfurstlichen Gnaden wegen beschehen, dieselben vernemmen, allergnebigst zu Gemut furen vnd betrachten In was onewidderbringlichen onegelimpff Jre Churfurstlichen Gnaden vnd derselben Nachkomen bey allen ehrliebenden Leuthen oneleydentlichen gedeyhen mußen, do der Landtgraue zu Hessen ꝛc. vber Jrer Churfurstlichen Gnaden, seinen Gnaden zugeschriebene Versicheronge trewe vnd Glauben, lang gesengklichen solte angehalten werden, was Beschweronge nach-
rebde

rebde Jren churfl. Gnaden derohalben bey
mennigklich erfolgen wurde, welche verone=
glimpffonge Beschweronge vndNachrebbe vn=
sern gnedigsten vnd gnedigenn Herrn, als
hochermelter Churfursten angeborner Bluts=
freunde volgents auch nicht zu geringem vnd
solichem Schimpff wurde geraichen, das
Jre Chur vnd Furstlichen Gnaden nichts be=
schwerlichers dan solichs, dieser aber ande=
rer Jrer Freunde halben erfaren mochten,
vnd das aus solicher nachrebb vnd Verdacht,
darinn diesse beide Churfursten stecken Jren
Churfurstlichen Gnaden Jn andere wege
dan durch erledbigonge des Landgrauen nicht
kan geholffen werden,

Vnd das derowegen Ewer Romische Kai=
serliche Maiestat nicht allain die beide Chur=
fursten sonder auch hochermelten Churfursten
vnd Fursten als Jren Freunden zu sondern
Gnaden beschener Bitt statt geben, vnd den
Landtgrauen der Custodien vnd gefengklichen
enthaltnuß allergnedigst erledbigen wolten,
zuforderst dieweil sich der Landtgraue gegen
E. Kayl. Maiestat Jn demuth erkant vn=
dertheniſgsten Fußfall Abbith vnd anders so
die Artickel mitpringen gethane, das Ewer
Kaiserliche Mayst. solichs seiner Fl. Gnaden
vnderthenigs erzaigen auch seiner Fl Gnaden
langkwerige Gefengknuß vnd vber das alles

F 4   der

der baid hoch vnd vielbenante E. Rom. Kaiserlichen Maiestat vnd deß hailigen Romischen Reichs gehorsamen Churfursten hohe onemeidenliche vnd tringende Notturfft In dieser sachen, darIn Ire Churfurstl. Gd. auß lauterer vnderthenigsten wolmeynunge vnd Trewe komen, ansehen wolten,

Vnd ob In dieser Handlonge onegleicher Verstandt vorgefallen were, das E. Kayl. Maiestat herIn vielmehr Ire hochstattliche Kaiserliche mielt vnd Gnad dan die scherpffe brauchen, Dieser beider Churfursten Personen vnd obliegen mehr dan deß Landtgrauen Gelegenhait zu Gemut furen wolten, wie dan Ewer Kayl. Mayst. nicht weniger dan Ire Vorfarn am Reich Ic vnd allwegen auß hochloplichster Kaiserlicher tugent, den gehorsamen Churfursten Fursten vnd Stend des Reichs zu Verhütonge Ires schimpffs vnd nachteils nicht weniger dan zu Irem Auffnemen gedeyhen vnd wolfahrt, allergnedigste Furderonge beweissen, Soliche allergnedigste Tugend vnd mielte, wollen Ewer Kay. Maiestat gegen diesen beiden Churfursten auch allergnedigst brauchen,

Daraus wurt E. Kayl. Maiestat Rhum vnd Preiß bey mennigklichem erfolgen, vnd werden es hochermelte Churfursten vnd Fursten beneben den beiden Churfursten Iren

Freun=

Freunden vmb Ewer Kaiserliche Maiestat nach allem Jrem Vermogen Leibs vnd guts Vnderthenigst vnd guttwillig verdienen rc.
E. Rom. Kayl. Mayst.
Vnderthenigste
Vor hochgedachten Chur vnd Fursten Gesandten,

No. XII.

Weß die Rom. Kayl. Maiestat den Stenden des Reichs vff die hienor ergangne Supplicationen vnd Bericht, deß Landtgrauen halben widderumb schrifftlich vnd mundlich furtragen laßen,

Freitags den xxv ten Nouembris Anno rc. xlvij hatt die Romische Kaiserliche Maiestat, Churfursten Fursten vnd Stenden auch der abwesenden Pottschafften vff daß Radthauß erfordern vnd Jnen durch Doctor Selden anzaigen laßen, wie Jre Maiestat Bericht werde das die Landtgrauin zu Heßen Jnen den Stenden ein schriefft hette behandigen laßen, darin sy den Handell wie er sich mit Jrem Herrn solte zugetragen haben, erzelet, vnd Jrer Maiestat auch beider Churfursten Sachßen vnd Brandenburg meldonge gethan hette, Damit nun Jnen den Stenden nicht mochte eingebildet werden, als ob Jre Maiestat den Landtgrauen, Jrem zusagen

ent-

entgegen In der Custodien erhielt, hette sy nit vnderlassen wollen, den stenden Iren satten warhafften Bericht zu vbergeben, vnd hette denselbigen In ain kurtze schrifft verfassen lassen mit gnedigstem Begern sy die Stend wolten onebeschwert sein, dieselbe anzuhoren,

Nach demselbigen Ist die Schrifft verlesen worden In derselbigen wurt vnder anderm gemelt, das die Kaiserliche Maiestat den Landtgrauen zu gnaden nit haben wollen annemmen, er ergebe sich dan dero Mayst. In Gnade vnd onegnad habe gleichwole beiden Churfursten die Vertrostung geben, das der Landtgraue des Lebens ewiger Gefengknuß vnd der Confiscation seiner Guter soll gesichert sein, Doch sollen sy die Churfursten solichs dem Landtgrauen nit anzaigen, Als nun der Landtgraue den Fußfall gepurlicher weise gedhane, haben Jre Maiestat allerhandt Vrsachen gehapt, wie dieselbigen zum teil erzelt wurden, den Landtgrauen ein weile In der Custodi zu behalten, Vnd als die beide Churfursten sich solichs beschwert, habe sich Jre Maiestat erpotten sy wolle die Zeit gern verloren haben, vnd die handlonge nichts sein lassen, auch den Landtgrauen widder lassen sicher hinweg ziehen, vnd nichts destoweniger wol. wege finden wie

Jre

Jre Maieſtat Jnen widderumb zu ſeyl brin=
ge, Darvff Jſt der Kay. Maieſtat Commiſ=
ſarien durch den Meintziſchen Cantzler von
der Stende wegen zu Antwort worden, Es
haben die Landtgreuiſchen bey den ſtenden ſo
hefftig, ernſtlich vnd vleißig vmb verhor an=
geſucht, daß ſy es Jnen nit lenger haben
wiſſen abzuſchlagen, Vnd haben vff ſolich
Jre werben ein bedacht genommen, vnd ſich
noch keiner Antwort entſchloſſen, konnen auch
wole erachten, was Jre Kayl. Maieſtat ge=
handelt oder noch thuen, Das Jre Maieſtat
ſolichs guten Fugk haben vnd billich thuen,
Sey derowegen der ſtende wenigſt bedencken,
Jre Maieſtat Jn etwas bedacht zu haben ꝛc.
mit viel meher worten vnd erpieten, So=
lichs hatt der Commiſſari an Kaiſerliche Ma=
ieſtat zu pringen ſich erpotten, Dem allem
nach haben beide Churfurſten Sachßen vnd
Brandenburg der Schrifft copy begert, Jren
zimlichen vnd gelimpffigen Bericht, darvff
haben zu dhun,

Sambſtags den Sechs vnd zwanzigſten
Nouembris haben hochgedachts Churfurſten
Sachßen vnd Brandenburg die andern Chur=
furſten Furſten vnd Stende bitten laſſen, das
ſy vmb zwo Vhren nach mittag vff dem Hauß
erſcheinen wollen, Jren Bericht den ſy Jn
Jrer Perſonlichen Gegenwertigkait wollen
dhun

thun laſſen, anzuhoren, welches alſo beſche=
hen, vnd haben die ob vnd Hochgedachten
Churfurſten Sachßen vnd Brandenburg ei=
nen kurtzen ſchriefftlichen Bericht, vff der
Kayſerlichen Maieſtat entſchuldigonge ge=
thane, vbergeben, onegeuerlich deß Sum-
mariſchen Inhalts, Das ſy In der Kayl.
Maieſtat ſchriefft vernommen, das ſich Jre
Mayt. entſchuldige, das Jre Mayt. dem
Landtgrauen oder Jnen den Churfurſten des
Landtgrauen wegen nichts zugeſagt habe,
dan das Jre Mayt. Emen des Lebens vnd
ewiger Geſengknuß geſichert habe, Nun
wiſſen Jre Churfl. Gnaden ſich wole zu er=
innern, daß dem alſo ſey, das auch Jhnen
die kaiſerliche Maieſtat nichts weithers zu=
geſagt habe, Es haben ſich aber zuſchen der
konigklichen Maieſtat vnd den Kaiſeriſchen
Rethen allerhandt Handlongen vnd Reden,
welche gantz haimlich vnd enge gehalten wor=
den, verloffen, In welchen etwan ein Mieß
verſtandt ſo ſich villicht onewiſſenheit halben
der ſprachen zugetragen ſein mochte ꝛc.

Derowegen ſy den Landtgrauen ghein
Hall zu kommen vermocht, auch Jme Si=
cheronge zugeſagt und Vertroſtung geben,
Dieweil nun darvber der Landtgraue In der
Cuſtodien bisher behalten worden, were Jre
der Churfurſten Witt an die Stende, wo der
Land=

Landtgraue lenger solte also behalten werden, daß sy doch nit hofften, die stende wolten onebeschwert sein, mit vnd neben Jren Churfurstlichen Gnaden die kaiserliche Mayt. fur den Landtgrauen helffen bitten, vnd Jn dem Jre Churfurstliche Gnaden als die Jhenigen so Jnen vertrost vnd ghein Hall zu komen verursacht hetten, meher ansehen vnd bedencken, dan den Landtgrauen, Sy solten auch bedencken wo dem Landtgrauen als einem sterplichen Menschen ainiche Leibs Gefahr so er lenger solte behalten werden, entstunde, wie solichs beiden Jhren Churfurstlichen Gnaden, bey aller Welt zu Verletzonge Jrer Hoheit, ehren, gelimpff vnd Reputation nachgeredt werden mochte, das weren sy freundtlich vnd gnedigklich zu beschulden geneigt, Darvff seint die Fursten vnd der abwesenden Pottschafften Jn die Stube gangen vnd darvber geratschlagt vnd vnd beschloßen, dennoch es etwas spatt vnd die sach wichtig, soll solich der Churfursten Begehren zu bedenken eingestelt vnd Jm nechsten Rath die schrifft widder verlesen vnd erwegen werden,

Nota es hetten viel Stende gern gesehen, war auch erstlich das mehr, daß der Kay. Mayst. vnd auch der Churfursten schriefften solten abgeschrieben werden, Es warde aber
vmb-

vmbgestossen, daß also der Landtgreuin Supplication vnd beide Itzgemelte schrifften niemants werden mogen,

Der Landtgreuin Supplication Ist dreyfach vbergeben worden, derowegen die Stett aine begert, Ist Inen aber abgeschlagen worden, So Ist dem Fursten Rath wie oben gemelt, auch keine vbergeben worden,

Montags den acht vnd zwantzigsten Nouembris Anno ⁊c. Viertzig Sieben hatt die Romische Konigliche Mayst. den Stenden anzaigen lassen, Demnach Jre Maiestat bericht werde, daß beide Churfursten Sachßen vnd Brandenburg Jrer Maiestat In Jren vbergebenem Bericht auch meldonge thuen, als ob sich allerhandt redden zuschen Jrer Maiestat vnd den Churfursten zugetragen hetten, Wolle Jrer Maiestat notturfft erfordern den Stenden weß sy herJnn gehandelt habe, anzuzaigen vnd sey die Sach nachvolgender massen geschaffen,

Es seyhen Jm Leger fur Wittenberg beide Churfursten zu Jrer Maiestat komen, vnd gebetten, das Jre Maiestat bey der Kay. Maiestat vmb Außsonunge des Landtgrauen dhun wolte, welches Jre Maiestat den Churfursten zugefallenn gewilligt, vnd sich der Furbitt bey der Kayl. Maypst. vndernomen, Do habe hochstgedachte Kaiserliche Maiestat

Jre

Jre Konigklichen Maieſtat zu antwort ge=
geben, ſy gedencken gegen dem Landtgrauen
des Lebens halben nichts fürzunemmen, So=
lichs habe Jre Mayſt. den Churfurſten wid=
der angezeigt vnd nit weither, ſey auch als=
bald auß ſolchem Leger verruckt, mit gne=
bigſtem Bitten vnnd Begern, die Stende
wolten Jnen nit weithers oder mehr Jnbil=
den laſſen,

Heud Dinſtags Iſt Im Fl. Rath be=
ſchloſſen, daß vff der ChFl. Beger die Sten=
de mit Vorwiſſen der Kayl. Mayſt. die Fur=
bitt dhun ſollen, der ChFl. Meynunge Iſt
noch onebewuſt.